Shakira Geisel

Sei einzigartig, Heldin

Stärke deine weibliche Kraft und werde zu einer wundervollen Frau mit Charisma

Bibliografische Information der Deutschen Nationalbibliothek
Die Deutsche Nationalbibliothek verzeichnet diese Publikation in der Deutschen Nationalbibliografie; detaillierte bibliografische Daten sind im Internet über http://dnb.d-nb.de abrufbar.

Autorin des Buches: © Petra Shakira Geisel

E-Mail: helden-schmiede-shakira@web.de

Webseite: https://www.heldenreise-blog.de

Layout und Satz des Buches: Angelina Schulze

Korrektur: Claudia Sartre

Umschlaggestaltung: Shakira Geisel, Angelina Schulze

Coverbilder, Bilder und Bildcollagen:
© Alex – Adobe Stock
© Shakira Geisel

Verlag:
Angelina Schulze Verlag
Am Mühlenkamp 15, 38268 Lengede
verlag@angelina-schulze.com
https://angelina-schulze-verlag.de

1. Auflage April 2023

ISBN: 978-3-96738-250-1

Inhaltsverzeichnis

Der erste Schritt deiner Reise ist die ⚜ innere Einkehr ⚜, denn deine stärkste Kraft liegt tief in dir verborgen!

**Finde deinen Weg,
so dass der Zauber, der in jedem neuen Anfang liegt,
sich entfalten kann.**

Herzlich willkommen, du wundervolle Frau

Fragst du dich, wie du deine weibliche Kraft und Stärke nutzen kannst, um die Herausforderungen, Belastungen und Anforderungen deines Alltagslebens zu meistern? Erkennst du deine Einzigartigkeit? Hörst du auf den Ruf deiner Seele und die Signale, die deine persönliche Engelsgruppe - das Universum - dir sendet?

Viele Frauen vergessen das einzigartige Wesen, das sie in Wirklichkeit sind. Sie hadern mit ihrem Schicksal, ihrer Einzigartigkeit und folgen (noch) nicht dem Weg ihrer wahren Bestimmung. Sie haben sich von ihren Urinstinkten entfernt und lassen ihre wertvollen Energiequellen, die in ihnen sind wie z.B. ihre Intuition, ihre Hingabe, Kreativität und Leidenschaft, ungenutzt.

Die Heldenreise ist ein ganzheitliches Prinzip, es verbindet alle Ebenen miteinander wie Körper (Materie) - Mentale Ebene (Verstand/Mindset) - Emotionale Ebene (Gefühle/Prägungen/Psyche) und die Spirituelle Ebene.

Lass uns ein wenig eintauchen in eine andere Welt. Eine Welt, die Wundervolles für dich bereithält.

In den ersten fünf Meilensteinen deiner Heldenreise, geht es um dich als wundervolle Frau, mit deinen Fähigkeiten und deinem wertvollsten Potenzial deiner Persönlichkeit, das in dir ist.

Die Dreieinheit
- deine Innere Frau,
- die Heldin in dir und
- deine Innere Lichtkriegerin

spielen in deinem Leben eine zentrale Rolle.
Zusammen seid ihr unschlagbar stark!

Erwecke die Heldin und verändere deine Welt.

Solltest du ein Mann sein, so fühle dich ebenfalls herzlich willkommen und wisse: *Wir sind eins!*
Wandele für dich die Bezeichnung *Heldin* ganz einfach in *Held*, Innerer Mann und Lichtkrieger um. AN`ANASHA.

Die Schätze dieses Heldenratgebers

Der blaue Faden

Dieser Band ist das Begleitbuch zu den Meilensteinen 1 - 5

- Wir beginnen mit dem **mental/körperlichen Bereich** —> Verstehen ist die Grundlage für das Annehmen können von (neuem) Bewusstsein. Es geht um die **Rückkehr zur weiblichen Kraft** und das **Charisma,** das die Heldin schafft...

- ... und wechseln dann über in den **emotional/spirituellen Bereich** zu deiner **Inneren Frau** (ein wichtiges **Energiefeld** in dir), das aus einer ganzen **Familie** besteht...

- ... dann widmen wir uns dem **Archetyp** deiner **Heldin** (das ist ein wichtiger **Wesenszug** und **Energiemuster** von dir)...

- ... anschließend lernst du ein weiteres **Energiefeld** kennen aus deinem geistigen Helfer*Team - deine Innere **Lichtkriegerin**.

Weiter geht's mit Themen wie:

- **Zurück zum Ursprung -** wer bist du wirklich?
- Warum bist du hier?
- Mit **Bewusstsein** wird dein Leben leichter - **Selbstreflexion**
- Warum die **Rückkehr zur weiblichen Kraft** so wichtig ist
- Was tun, wenn das Leben anstrengend wird?
- Keine Angst vor großen Transformationen
- **Schattenwelt** - warum die **Konfrontation mit dem** Ungeheuer(lichen) **Schatten** so wichtig ist

- Ausgegrenzt, verstoßen und allein - warum Heldinnen oft einsam sind

- Die **charismatische Persönlichkeit einer Heldin**

- Du lernst die **Sprache des Universums** verstehen

- **Deine stärksten Energie- und Kraftquellen:** Erwecke dein Inneres Helfer*Team aus der geistigen Welt —-> deine Innere Lichtkriegerin - deine Innere Frau (Familie) - deinen Seelengarten... und finde wieder zurück zu deinem Tempel des Wissens und der Weisheit

- **Heldinnen** wünschen nicht nur, sie **manifestieren** ganz bewusst

- Die **Spielfelder des Lebens** - Lerne die verschiedenen Wertesysteme mit ihren 12 Entwicklungsstufen der Persönlichkeit kennen

- **Wertvolle Erfahrungen, Tipps** und **Erkenntnisse** aus den Prozessen meines Lebens teile ich mit dir

- uvm.

Doch nun lass uns beginnen mit etwas

>Futter für deinen Kopf<

Warum die Rückkehr zur weiblichen Kraft so wichtig ist

Zu Beginn deiner Reise möchte ich dein Bewusstsein stärken für die weibliche Kraft in dir, die dich durch diese herausfordernden Zeiten trägt, sobald du dich wieder mit ihr verbindest.

Werde dir deinen vielen weiblichen Qualitäten bewusst und schöpfe powervolle Energie daraus.

Dein Leitsatz ab heute: >**Ich lebe die kraftvolle Frau in mir**<

Der magische Kreis

Die Magie, die in einem Kreis steckt, symbolisiert die weibliche Kraft. So klein wie ein Punkt oder Ring kann er sein, aber auch so groß wie die gesamte Erde oder das Universum. Es gibt das Lebensrad uralter Medizinräder und magische Kraftorte. Es entsteht eine Gemeinschaft, wenn Menschen im Kreis zusammensitzen. Frauen spüren diese natürlichen und immer wiederkehrende Bewegungen. Sie fühlen über emotionale und körperliche Veränderungen und erfahren darüber persönliches Wachstum.

Frauen spüren sehr tief (sofern sie sich nicht durch Stress davon abhalten lassen!)

So bin ich lange, lange Zeit schon auf den Spuren meiner weiblichen Kraft, nach weiblichem Wissen, nach Weisheit und meinen (und unser aller) Wurzeln und meiner Urkraft. Aus meiner großen Sammlung heraus, habe ich dir dieses zusammengetragen.

Ich fand das strahlende Vorbild der Urfrauen und die vielseitige, faszinierende und machtvolle Göttin, die in uns allen schlummert. Die weibliche Spiritualität entfaltet sich.

Weiblichkeit mit Durchsetzungsvermögen verbindet Kraft mit Sinnlichkeit!

Was aber, wenn wir den Fokus verlieren?
Was, wenn wir gestresst sind und keine Zeit für Ruhe, Ausgleich und Spüren finden?

Drum sag mal:
Wie oft kommt es noch vor, dass du dich überfordert fühlst durch die vielen Rollen, die du auf deiner Lebensbühne täglich spielst? Mutter, Köchin, Berufsfrau, Chefin, Kollegin, Freundin, Unternehmerin, Lehrerin, Pflegekraft, Partnerin, Geliebte, Ehefrau, Schwester, Tochter...und und und - alles in EINER Person.

Wie oft kommt es noch vor, dass du anderen jeden Wunsch von den Augen abliest und du selbst zu kurz kommst?

Wie oft kommt es noch vor, dass du lieber alles alleine machst anstatt souverän zu delegieren?

Verschaffen wir uns mal einen Überblick...

Ein Ungleichgewicht zeigt sich im außen
Vermehrt treten Krisen- und Krankheitssymptome im ganzheitlichen System auf von

- Körper
- Psyche
- Frau-Mann-Beziehung
- Wirtschaft

Alle mit der gleichen Ursache!

Viele Menschen fragen sich, warum unsere Welt aus den Fugen gerät. Bewusst fällt extrem auf, dass zunehmend mehr und mehr Menschen aus ihrer inneren Mitte geraten, sie gestresst, angespannt, unausgeglichen und mit schwerem Herzen durch ihr Leben gehen.

Aus meiner Sicht (als Energiefrau) und Würdigung der weiblichen Kräfte, im Vergleich zu den männlichen, ist ein starkes Ungleichgewicht vorhanden. Hier wären wir bei der Inneren Familie - das Yin und Yang, der innere Mann und die innere Frau, die miteinander viel harmonischer sein könnten, als einer alleine. Immer deutlicher macht sich dies im täglichen Alltag bemerkbar.
Es geht nicht vordergründig um das Verhältnis zwischen Mann und Frau. Es geht auch nicht um die Frage, wie viel Macht und Einfluss die Frau in unserer Gesellschaft hat oder haben sollte.
Es geht mir einzig und allein um die Würdigung des weiblichen Prinzips!

Wichtiger ist hierbei die Frage, auf welche Weise - Frauen wie Männer - sich selbst in ihrem Leben diesen beiden Kräften stellen bzw. wie beide sowohl das männliche als auch das weibliche Prinzip leben.

Die Dominanz des männlichen Prinzips

Es geht schon seit Hunderten von Jahren so, dass sich der Mensch mehr und mehr eine einseitig >männliche Art< zu leben angewöhnt hat. Diese dominierende Einseitigkeit beschert uns heute Krisen in allen Bereichen des Lebens.
Diese männliche Art ist tief geprägt. Geprägt durch einen rationalen Verstand und der Dominanz des Denkens.

Mit ihm liegt die Betonung auf:

- arbeiten
- machen
- tun
- Ziele verfolgen
- kontrollieren
- anstrengen
- wachsen
- höher, schneller, weiter...usw.

während wir

- ausatmen
- entspannen
- genießen

- spielen
- träumen
- geschehen lassen
- vertrauen (usw.)

abwerten und ihm - in Folge dessen - wenig(er) Raum in unserem Leben geben.

Dieses Ungleichgewicht hat in unseren Familie, Partnerschaften, in Frauen und Männern, sowie in unseren Firmen und Unternehmen zu zunehmendem Chaos, zu Reibungen, zu Hektik und Stress geführt. Darüber hinaus haben wir den Sinn unseres Tuns und Daseins als Menschen aus den Augen verloren. Immer mehr überwiegen die materiellen Werte.

Und wir Frauen?...

Frauen verleugnen und vergessen oft ihre Weiblichkeit

Seit der sogenannten Frauenbewegung, (in den letzten sagen wir mal vierzig Jahren,) haben sich insbesondere Frauen oft sehr einseitig auf einen männlichen Weg begeben. Kollektiv haben sie den Weg abgelehnt, den ihre Mütter ihnen in Kindheit und Jugend vorlebten. Mütter, die sich für die Familie aufopferten, sich selbst nicht so wichtig nahmen und ihre Kinder durch ihr stilles Leiden, mit oder ohne Jammern und Klagen, belasteten und in ihnen Schuldgefühle auslösten. So entschieden sich die Töchter:
"Ich will es anders machen als meine Mutter!"
Etwas anders machen zu wollen als jemand anderer, führt jedoch nicht unbedingt zu einem besseren Ergebnis, im Besonderen, wenn du Widerstand und Ablehnung empfindest.
Das Grundgesetz besagt:

>**Was du ablehnst, zu dem wirst du**!<

Und was ist das Ergebnis dieser Entscheidung?

Heute haben wir Frauen, die in der Mehrzahl ein männliches Leben leben, deren >Hosen< angezogen. Ihr eigentlicher Wunsch war, sich aus der Abhängigkeit des Mannes zu befreien. Zunehmend haben sie Erfolg im eigenen Beruf, verdienen ihr eigenes Geld und in Thema Selbstbewusstsein sind sie enorm gewachsen.

Natürlich ist das zu begrüßen, aber die Art und Weise, wie sie denken, fühlen und leben, hat viele Frauen in eine Sackgasse geführt.
Viele von ihnen sind innerlich hart geworden. Und sie haben zu ihrer Weiblichkeit und ihrem Körper eine eher ablehnende Beziehung entwickelt. In Folge dessen zeigen sich Spuren dieser kantigen Entwicklung in ihrem Körper. Zunehmend erkranken sie an den weiblichen Organen wie Brüste, Gebärmutter und Eierstöcke und erschaffen sich unbewusst eine Krebserkrankung.
Mit diesem Thema habe ich mich deshalb so eingehend und intensiv beschäftigt, weil auch meine >Mam<, sowie einige weiblichen Personen in meiner Verwandtschaft, an einer solchen Erkrankung litten und ihr erlagen, und ich deshalb - als Wandlungs*Künstlerin - nach einem Ausweg aus dem >Kreislauf dieses weiblichen Themas meiner Ahnenreihe< suchte.

Doch schauen wir mal weiter... was glaubst du:

Wie geht es den Männern mit den männlich wirkenden Frauen?
Zunehmend verunsichert sind die **Männer** über diese Entwicklung. Dieser Weg, der zu einem glücklichen, selbstbewussten Mann*Sein*Gefühl führte, endet jetzt in einer Sackgasse. Innerlich sind sie meist heftig mit der Mutter ihrer Kindheit verstrickt und körperlich, sowie auch psychisch befinden sie sich vermehrt in einer Krise. Stetig im Versuch, das Männliche einseitig zu leben, indem sie hart arbeiten und ihre Pflicht erfüllen. Sie halten durch und ignorieren die Symptome ihres Körpers so lange, bis sie in eine Depression oder Burnout rutschen. Sie leiden an übersäuerten Körpern, haben massive Rückenschmerzen, Gelenkserkrankungen, Magengeschwüre, Herzinfarkte oder andere Symptome dieser Art.

Durch schmerzhafte Krisen und Krankheiten werden beide Geschlechter - Frauen wie Männer - immer deutlicher auf das große Ungleichgewicht hingewiesen, welches sie in ihrem Leben zwischen dem männlichen und weiblichen Prinzip erschaffen haben!

Das universelle Gesetz des Ausgleichs
Ein Grundgesetz der Natur besagt, dass jedes Energiesystem nach Ausgleich strebt. Dieses Gesetz haben Männer wie Frauen vergessen und über sehr lange Zeit ignoriert. Ebenso wie die Führung unserer Großindustrien, Firmen und Unternehmen dies getan haben.

Wir alle werden jetzt vehement und überdeutlich wieder dazu aufgefordert, der weiblichen Kraft in uns - und unserem Leben nach dem weiblichen Prinzip - wieder Raum zu geben.

Um es nochmals deutlich zu sagen:
Das Weibliche betrifft vor allem unsere Innenwelt - hier im Besonderen unser Herz und unsere Gefühle.
Wenn du dein Herz fragst, was es sich wünscht, dann sagt es gewiss gerade heraus, dass du der Aktivität im Außen sowie deinem Denken wieder einen Gegenpol bieten musst. Dass du nach INNEN gehen und spüren sollst... und dein Terminkalender folgende Zeiten enthalten soll:

- Zeit für Besinnung
- Zeit zum Fühlen
- Zeit der Entspannung
- Zeit der Intuition
- Zeit und Muße zum Horchen auf die Stimme deines Herzens
- Zeit der Hingabe
- .... und fürs Vertrauen zum Leben selbst - MONA OHA!

Weiblichkeit ist keine schwächere Kraft als die männliche!
Unser Verstand ist begrenzt. Alles, was er jemals erlebt hat, ist dort - wie bei einem Computer - gespeichert. Er besitzt nicht die Fähigkeit, dich und mich in ein glückliches, sinnerfülltes Leben in einem gesunden Körper zu führen und uns in liebevolle Gemeinschaften zu bringen. Dieses Wissen und die Weisheit besitzt nur unser Herz!

Besonders wir Frauen, die wir die weibliche Seite des Lebens verkörpern, werden uns daran erinnern dürfen, dass Weiblichkeit keine schwächere Kraft ist als die männliche!

Wohl hat es viel damit zu tun, sich seinen Schwächen, seinen Gefühlen, seiner Angst, seiner Ohnmacht und anderen Gefühlen zu stellen, diese bejahend zu fühlen und sie verwandeln, um hieraus gestärkt hervorzugehen.

Wer seine Gefühle verdrängt oder ablehnt, kann kein starker Mensch sein - weder die Frau noch der Mann. Die stärksten Menschen sind die, welche keine Angst vor ihren sogenannten schwachen Seiten oder Schattenanteilen haben. Das sind diejenigen, die ein offenes Ohr für die Stimme ihres Körpers und ihrer Seele haben und ihr folgen.

Weibliche Kraft hat nichts mit Kampf zu tun

Es hat sich so etabliert, dass Frauen ihr Leben zu einem Kampf gemacht haben. Wer aber glaubt, kämpfen zu müssen, dem schickt das Leben etwas zum Kämpfen, dies ist ebenso ein universelles Gesetz!

Mit der weiblichen Kraft hat „kämpfen“ und >Kampf< überhaupt nichts zu tun!

Die kämpfende Frau (egal, ob sie für etwas oder gegen etwas kämpft) entdeckt jetzt, dass sie in erster Linie sich selbst in hohem Maße verletzt hat, indem sie >gegen sich selbst< und ihr >natürliches, ursprüngliches Wesen< gekämpft hat!

Das betrifft sowohl die Frauen, die ALLES ganz anders machen wollten als ihre Mütter, als auch die beträchtliche Zahl von Frauen (schätzungsweise 20-30 Prozent), die eigentlich >ein Junge< werden sollten.

Die weibliche Urkraft ist in jeder Frau vorhanden

In jeder Frau ist die weibliche Urkraft ungebrochen vorhanden und viele Frauen suchen jetzt bereits wieder, Zugang zu ihr zu bekommen. Aber allein nur durch den Besuch von Yoga, eines Autogenes Training Seminars oder eines Meditationskurses wird dies nicht gelingen.

Wenn eine Frau tagsüber sich abhetzt, anstrengt, sich durch ihren Alltag kämpft und allgemein ein männliches Leben lebt, kann der Yoga-Kurs am Abend dies nicht alleine ausgleichen!

Bleiben wir beim Beispiel von Yoga und den Inneren*Welt*Reisen.
—> Yoga ist eine Bewusstseinshaltung, in der die lebendige Verbindung von Körper, Geist und Seele im Mittelpunkt stehen und Achtsamkeit gefordert ist.
—> Ebenso wie die Inneren*Welt*Reisen, in denen du dich in deine innere Mitte, in die Vereinigung der Energiewirbel deines Körpersystems und Erdung begibst, um von dort aus dein Leben zu steuern und zu erschaffen.

Es geht um die grundsätzliche Haltung in deinem Alltag!
Diese Haltung will durchgängig am Tag gelebt sein, ganz besonders auch in einem männlichen Beruf!
Die Lösung wäre, den Spirit (Licht & Liebe) der in jedem von uns ist (unabhängig davon, ob er daran glaubt oder nicht) in seinem Leben zu integrieren.

Die Frau ist die erste Repräsentantin des weiblichen Prinzips. Sie ist Trägerin dieser weiblichen Urkraft, die in jeder Frau steckt. Ich bin überzeugt davon, dass gerade in diesen jetzigen verrückten und anstrengenden Zeiten, jede Frau sich wieder dieser ganz eigenen Stärke in sich bewusst werden wird!

Die Frau repräsentiert die Liebe, der Mann das Licht
Die Frau repräsentiert die Liebe der göttlichen Urquelle.
Der Mann steht für das Licht.
In einer Beziehung zwischen Mann und Frau begegnen sich also immer die Liebe und das Licht!

Aber nur jene Frau, die sich dieser Liebe in ihr als ihren weiblichen Schatzes bewusst ist und sie sich zunächst selbst schenkt, ist eine gesunde und strahlende Frau.

Und der Mann kann nur wirklich bei der Frau ankommen, die in dieser sich selbst bewundernden Weise bei sich selbst (auch >Selbstliebe< genannt) angekommen ist!

Der Weg zur Weiblichkeit führt über die Frau selbst

So ist zu beobachten, dass jetzt besonders die Frauen, die ihren Körper bisher ablehnten und ihr weibliches Wesen damit an den Abgrund gedrängt haben, wieder den Weg zu einem weiblichen Bewusstsein und Leben finden.

Dies gelingt ihnen sowohl durch ihre Reise nach innen, als auch über den gemeinsamen Weg mit anderen Frauen, die auf dem Weg zu ihrer weiblichen Urkraft und Göttin sind. So kommen sie am schnellsten wieder bei sich selbst an.

Wie Frauen Zugang zu ihrer weiblichen Urkraft finden

Viele sind der Meinung, die Frau findet den Zugang zu ihren weiblichen Kräften über den Mann. Dies stimmt keineswegs, denn ausschließlich IN DIR SELBST wirst du (alles) finden, was du brauchst.

- Du beanspruchst Zeit für dich,
- gehst nach innen und
- prüfst ehrlich, wo es in dir und deinem Leben stockt.

Wo oder was fließt noch nicht, was läuft noch nicht so rund, wie es laufen könnte oder sollte?
Von Natur aus sind wir >die Fließenden<.
Nicht nur unser Blut fließt alle vier Wochen, auch das Fließen der Gefühle, Emotionen und der Liebe, liegt in unseren weiblichen Fähigkeiten.

Das Lieben selbst ist unsere Domäne und stärkste Kraftquelle!

So nimmst du dir - als bewusst werdende Frau - regelmäßig Zeit

- für deinen eigenen Weg nach INNEN
- für Reflexion
- für Besinnung
- für Méditation, mentales Training und Innere*Welt*Reisen
- für das Lauschen auf das, was dein Herz dir flüstert

Nähre dich und deine Seele mit

- Musik
- Tanz
- Gesang
- berührender Literatur oder Helden*Tagebuchschreiben
- und dem mutig-ehrlichen Erfahrungsaustausch mit deinen gleichgesinnten Schwestern.

Gönne dir Entspannung und den Genuss

- bei Massage
- in der Sauna
- in der Badewanne
- im Bett
- und mache deinen weiblichen Körper zu deiner Partnerin oder besten Freundin

Lebensqualität
Hier rede ich jetzt natürlich nicht von dir, wenn ich sage:
... und auch bei der Arbeit mutiert sie zum >Mann-Weib< und versucht als Vorgesetzte mit allen Mitteln, ein besserer Mann zu sein, anstatt in Kontakt mit sich und ihrem Innern zu bleiben...

Dass du dieses grundsätzlich nicht bist, weiß ich, sonst hieltest du dieses Buch nicht in deinen Händen. Doch der Vollständigkeit halber musste das noch mal deutlich gesagt werden:)

Lebensqualität hält dein Herz und deine Sinne offen für die Signale des Lebens.

Deshalb gestalte deinen Tag mit

- **Bewusstheit**
  LOTUS ist der Lichtkristall, der dich in die neue Energie bringt
- **Achtsamkeit**
  Spirituelle Achtsamkeit ist die Energie von **TAHI'TAA**
- **Zentriertheit**
  AVATARA für innere Ausgeglichenheit & Balance
- und **Genuss**

Zurück zur Göttin in dir

Das Bewusstsein in Frauen und Männern wächst stetig an. Und so, wie Männer sich jetzt immer mehr auf ihren Weg machen, um ihr gesundes, glückliches Mann*Sein zu suchen und sich hierbei dem weiblichen Prinzip öffnen werden, so gehen viele Frauen - in dieser Zeit der großen Transformation - den Weg zurück zu ihrem Ursprung, zur Göttin in ihr.

- Diese Frauen werden sich nicht mehr als Opfer fühlen wie ihre Mütter, sondern nehmen ihre Schöpfer*Verantwortung - für die Erschaffung und Gestaltung ihres Lebens - freudig in die eigenen Hände.

- Sie werden es nicht mehr in erstarrten und langweiligen Beziehungen aushalten und damit aufhören, sich ständig in die Angelegenheiten ihres Mannes einzumischen.

- Sie werden mit anderen Frauen, die in sich selbst die Erfüllung gefunden haben, in einem lebendigen Kontakt stehen…

- Sie werden sich selbst lieben, ehren und bewundern in ihrer Schönheit …

- Sie werden Kanal sein, für die weibliche Kraft des Göttlichen…

Auf diese Weise wird sie sehr zu einer neuen Welt und einer Menschheit in liebenden Gemeinschaften beitragen.

***Hinweis:**

In jeder Frau, ebenso wie in jedem Mann, sind beide Anteile - männliche und weibliche - integriert. Immer!
Diese IN DIR selbst auszugleichen ist jetzt dran!
Männlich und weiblich gibt es also in jeder Beziehung, auch in der Gleichgeschlechtlichen.

Die Lichtkristalle für weibliche Energie heißt >SIAS< und für die männliche Energie >EKTA<. Zum Ausgleich nutze ich meist die liegende 8 (Unendlichkeit) und/oder SOL`A `VANA (die höchste Friedensenergie, die alles miteinander verbindet).

Auf den Punkt gebracht:

- Stress entsteht in uns Frauen, wenn wir weiterhin nur funktionieren und meinen, nicht unser wahres Selbst leben zu können!
- Es geht darum, unsere weiblichen Qualitäten wieder ganz anzunehmen und sie im Alltag zu leben!
- Unsere weiblichen Qualitäten sind: Etwas ins Fließen bringen, zusammen halten, geduldig abwarten können, etwas empfangen und auf die Welt bringen, nähren, gedeihen lassen, etwas reifen lassen, uns hingeben können...
- Die weibliche Urkraft ist in jeder Frau durchgehend vorhanden!
- Schwierigkeiten treten auf, wenn wir es zulassen, dass die Energien unkontrolliert chaotisch fließen... indem wir mehr männlich wirken und leben... indem wir ständig aktiv sind und meinen TUN zu müssen... versorgen... ebenso handeln, schützen und kämpfen.
- Kampf und kämpfen hat überhaupt nichts mit Weiblichkeit zu tun!
- Am stärksten sind wir, wenn weiblich & männlich (Energie/Anteile) in uns harmonisch vereint ist.

Mehr dazu findest du im emotional/spirituellen Teil des Buches unter: Deine Innere Familie.

Das Charisma einer Frau

und was die Heldin in dir damit zu tun hat

Ganz einfach ausgedrückt ist Charisma eine Eigenschaft, die eine Person in den Augen der übrigen Gesellschaft **einzigartig** macht.

Charisma ist keineswegs eine angeborene Besonderheit, die man entweder hat oder auch nicht. Erstens ist Charisma eine Art Fähigkeit, die entwickelt werden kann und zweitens kann Charisma unterschiedlich sein: Zum Beispiel gibt es ein rein weibliches Charisma, das sich stark vom männlichen unterscheidet.

Auf Wikipedia steht: In der Geschichte ist der Begriff „Charisma" griechischen Ursprungs und wird wörtlich übersetzt wie die „Gabe der Gnade" oder die „Gabe der Götter". Im antiken Griechenland wurde das Wort verwendet, um eine Person mit besonderem >Magnetismus< - (sprich: Anziehungskraft) zu beschreiben, die die Aufmerksamkeit anderer auf sich ziehen kann.

Wenn ich es bildlich - als Metapher - beschreiben will, dann würde ich sagen, dass charismatische Menschen von der Sonne verwöhnt werden und das Glück ihnen stets wohl gesonnen ist. Sie strahlen - aufgrund ihrer Lebenserfahrung - von innen heraus, haben einiges erlebt (nicht nur schönes und angenehmes) und können dadurch auch vieles erzählen. Es sind Menschen mit bezauberndem Charme und unerklärlicher Anziehungskraft.

Sehr oft sind sie von interessanten Personen umgeben und stehen - wenn sie das wollen - im Mittelpunkt des Geschehens.

So lüfte ich in diesem Buch das Geheimnis des persönlichen Zaubers, wie du dir diese wertvollen Eigenschaften aneignen kannst.

Eine charismatische Ausstrahlung erhält eine Frau, wenn sie sich traut, die Heldin in sich zu erwecken und sie sich mutig auf ihren ureigenen Seelen*Weg begibt. Die Heldin traut sich, auch sonderbare und waghalsige Wege zu gehen, auch wenn dieser zunächst einmal steinig und schwer erscheint (und dies auch oft ist).

Trotz aller Herausforderungen und Hindernisse, die sich ihr in den Weg stellen, trifft sie die Entscheidung und tritt ihre große Reise - mutig und entschlossen - an. Sie folgt voller Vertrauen den Spuren der Liebe, um die bezaubernde Frau - die IN DIR steckt - zu finden.

Tolle, einzigartige Frauen überzeugen mit ihrer Persönlichkeit, mit Authentizität und ihrer besonderen Passion. Das letzte Geheimnis um ihre besondere Ausstrahlung wird im Außen wohl keiner lüften können, denn es ist dieses gewisse Etwas, das geheimnisvolle Extra, das Heldinnen haben und welches nie ganz entschlüsselt werden kann.

Auf der Heldenreise lernst du dich - als wunderbar magische Frau - nochmal neu kennen, wenn du dich einlassen kannst auf diesen Prozess der Veränderung.

Persönlichkeit

Über Persönlichkeit erfährst du in diesem Heldenratgeber einiges, ebenso über das Wertesystem und die Reife der verschiedenen Entwicklungsstufen.

Wenn ich an charismatische Frauen denke, fällt mir auf Anhieb die Princess of Wales - Lady Diana - ein, sie hat mich als Kind schon sehr berührt. Tina Turner, die sich stets so selbstbewusst sexy auf die Bühne stellte, ganz gleich welchen Alters und Figur. Michelle Obama, Meryl Streep... bis hin zu Barbara Schöneberger mit ihrem herzerfrischenden Humor. Bestimmt fallen dir spontan auch ein paar ein...

Jede dieser Frauen ist auf ihre Art besonders.

Natürlich kann auch eine Mama außergewöhnlich toll sein... (schwangere Frauen leuchten übrigens sehr) ... die Arbeitskollegin, die Freundin, die Schwester oder einfach die herzliche Nachbarin. Wen wir persönlich toll finden, ist individuell unterschiedlich. Doch was zeichnet diese Frauen im Besonderen aus? Warum bleiben gerade DIESE Frauen uns so positiv „besonders“ im Gedächtnis?

Sind tolle Frauen immer besonders hübsch?
Schönheit liegt immer im Auge des Betrachters! Oft wird fälschlicherweise angenommen, tolle Frauen müssten besonders gut aussehen, Kleidergröße 36 (oder kleiner) tragen und täglich drei Stunden im Bad verbringen. Sicherlich ist ein ansprechendes Äußeres immer ein Vorteil, um einen angenehm guten Eindruck zu machen, jedoch werten wir eine hübsche Person nicht automatisch als tolle Person. Charisma ist viiiiel mehr als nur die äußere Optik.

In meiner „Wissens-Studien-Zeit" saugte ich alles auf, was mit Charisma zu tun hatte. Selbst ein sehr hochpreisiges Coaching habe ich mir hierzu geleistet. Das Ergebnis bestätigte jede dieser Studien, die ich hierzu las.

Es ist nicht das Äußere, das eine Person attraktiv macht, sondern die Persönlichkeit!

Automatisch nehmen wir eine Person als attraktiv wahr, wenn wir ihr positive Charaktereigenschaften zuschreiben können. Weniger toll finden wir Menschen, deren Persönlichkeit in unserem Wertesystem „negativ" oder „schlecht" ist.

Für einen ersten Eindruck mag das Äußere also durchaus wichtig sein, es ist jedoch keineswegs für eine sympathische Ausstrahlung ausschlaggebend. Hier zählt vor allem die Persönlichkeit.

Authentizität

Authentisch wirst du, wenn du selbst erlebt und erfahren hast und nicht nur im Fernsehen gesehen, in einer Zeitschrift gelesen oder es in deinen Träumen erträumt hast. Die Heldin in dir will es wirklich in deinem Leben umsetzen. Sie will dich - als wundervoll magische Frau - ins Erblühen bringen, dein bezauberndstes Lächeln aus die hervorlocken.

Hierzu braucht deine Heldin viel Mut. Du musst an diesen mutig, starken Anteil deiner Heldin glauben. >GLAUB AN DICH< (Meilenstein 3), dass du dies schaffen wirst! Glaube daran, dass dir ALLES möglich ist und gelingen wird. Macht doch nichts, wenn du hierfür ein paar extra Erfahrungen benötigst oder auch mal etwas länger brauchst, als du dachtest. Vor allem wenn andere Menschen in deinen Prozess involviert sind, kann es durchaus etwas kniffliger werden.

Authentizität ist der Schlüssel für dein Charisma

Tolle Frauen zeigen sind authentisch!

Alleine beim Anblick haben wir das Gefühl, dass sie uns ihre wahre Persönlichkeit zeigen und für das einstehen, woran sie glauben.

Großartige Frauen haben eine Mission, sie glauben an sich selbst und ihre Ziele und gehen ihren ganz eigenen Weg, ohne sich von anderen etwas vorschreiben zu lassen.

Charismatische Frauen scheuen sich auch nicht davor, zu ihren Schwächen zu stehen und können sich durchaus ihre Fehler eingestehen. Sie wissen, dass es in Wirklichkeit keine Fehler sondern wertvolle Erfahrungen sind und die gehören schließlich zum Leben dazu und machen uns nahbar und menschlich.

Authentische Personen sind sympathischer als solche, die scheinbar immer eine perfekte Fassade aufrechterhalten wollen.

Passion

Jede Frau sollte eine große Passion haben. Eine Vision, die aus der Tiefe ihrer Seele kommt. Wofür lebst du? Was ist das größte Glück für dich?

Schau dir das Leben von Astrid Lindgren an. Aufgrund ihrer emotional prägenden Lebenserfahrungen, entstanden ihre wundervollen Bücher von Pipi Langstrumpf, Michel aus Lönneberga, Ronja Räubertochter, Karlsson vom Dach und viele weitere Geschichten, die heute noch Kinder und Erwachsene begeistern.

Über ihre Passion fand ich folgendes heraus:

>Astrid Anna Emilia Lindgren wurde am 14. November 1907 in Schweden geboren. Hatte sie ursprünglich nicht im Sinn gehabt, Schriftstellerin zu werden, wandte sie sich Mitte der 1940er Jahre verstärkt dieser Passion zu. Verletzungen (Inneres Kind) heilte sie, indem sie bezaubernde, Mut machende, inspirierende und stärkende Bücher und Geschichten für Kinder in die Welt brachte. Für ihre Tochter Karin, die viele Jahre von ihr getrennt leben musste, erfand Astrid die mittlerweile weltbekannte Kinderbuchfigur Pippi Langstrumpf.

Zeit ihres Lebens engagierte Astrid Lindgren sich für Frieden, Gerechtigkeit und die Rechte von Kindern. 2002 verstarb sie am 28. Januar im Alter von vierundneunzig Jahren.

Eine tolle Schriftstellerin und wundervoll starke Frau!

Und nun sag mir:

Was ist deine Passion?

Wenn ich später in einem anderen Buch über DICH und deine Passion schreibe, was soll dann dort (für alle Welt) zu lesen sein?

Menschen, die noch in Wertesystemen denken,

... werten >besondere Leistungen< als „positiv“. Tolle Frauen sind in ihren Augen meist die, die besondere Leistungen erbringen.

Das kann der hart erkämpfte Sieg eines Wettkampfes sein oder der steile Aufstieg in die Chefetage, der beeindruckt. Es kann aber auch der unermüdliche Einsatz für einen guten Zweck sein, ebenso die Mama oder der Papa, für ihre ehrenamtlichen Dienste im Sportverein als Jugendtrainer... oder die Großeltern, die sich bedingungslos um ihre Enkel kümmern... sowie die lustige Kollegin mit ihrem erfrischenden Humor ... und der Freund, der durch sein beherztes Lachen stets für beste Laune und mit seiner Lebenserfahrung für interessante Gesprächsthemen sorgt.

Besondere Leistungen müssen also nicht immer groß sein, oftmals sind es sogar eher die kleinen Dinge, die zählen und einen Menschen - in unseren Augen - besonders toll machen. Meist sind es genau die Dinge, die wir vielleicht an uns selbst vermissen und daher an anderen so bewundern oder wertschätzen.

Führungsqualitäten

In der Regel wird die Leitung eines Projekts in die Hände jener gelegt, die Menschen leiten und führen können.

Nicht zuletzt deshalb, weil Menschen von einer solchen selbstsicheren Person geführt werden wollen, fühlen sie sich von seiner inneren Stärke und Zuversicht angezogen. Charismatische Menschen haben die Fähigkeit, andere mit Energie zu versorgen und zu inspirieren.

Bisher wird der Begriff jedoch häufiger in Bezug auf Männer verwendet, was dem zugrunde liegt, dass ziemlich lange Zeit Spitzenpositionen und anerkannte Führungspositionen überwiegend nur für Männer verfügbar waren.

Doch die Welt verändert sich und es gibt immer mehr charismatische weibliche Leader.

Und genau um dieses weibliche Charisma geht es mir.

Darum lass uns gleich damit beginnen, die magische DREI zu erwecken.

Die magische DREI, die in dir ist und zu dir gehört - wie die drei Musketiere - und dich in deiner einzigartigen Persönlichkeit ausmachen. Mit diesen Wesenszügen und Helfern aus der geistigen Welt, wird dein Leben leichter.

... und so wechseln wir nun in den Bereich der **Emotionen und Spiritualität**... und wenn du das Buch bis hierhin aufmerksam gelesen hast, dann weist du, dass wir jetzt eintauchen ins Feld der Weiblichkeit und somit dem weiblichen Prinzip in dir immer näher kommen;)

Dein Ursprung - eine wahre Geschichte

Wenn du erlaubst, möchte ich dich einladen, mit mir und deiner Inneren Lichtkriegerin (oder deinem Inneren Lichtkrieger) eine Reise zu unternehmen, dorthin, wo alles begann. Und auch wenn du jetzt - vielleicht - noch keine Ahnung davon hast, wer und was die Innere Lichtkriegerin ist, dann lasse dich einfach darauf ein und vertraue darauf, dass du wohl behütet und geführt sein wirst, bei allem was geschieht.
Im Laufe des Buches wirst du mehr über sie erfahren, jetzt gibst du einfach in Gedanken die Erlaubnis, dass deine Lichtkriegerin mit dir reisen wird - das genügt. Deine Gedanken haben eine große Kraft und Macht. Du lenkst Energien damit, echt magisch. Darum stell es dir einfach vor, visualisiere es dir im Bereich deines magischen Auges (etwa in der Mitte deiner Stirn) und schon ist es geschehen... und - schwups - deine Innere Lichtkriegerin packt ihren Reiserucksack und steht startklar neben dir. Das gleiche machst du auch später mit der Heldin und bei allen deinen Inneren*Welt*Reisen, die du von nun an machen wirst. Dein magisches Auge ist das Tor ... ebenso, wie dein Herz ein wertvolles Tor in dein Inneres ist.

Du erfährst auf dieser ganz besonderen Reise, wer und was du in Wirklichkeit bist. Ein Ausflug, der dir ein inneres Bild zaubern mag, der dich wieder daran erinnern möchte, von wo du kommst und warum du JETZT hier bist.
So steige ein...
Es ist eine Zeitreise.
Diese führt einmal quer durch die Dimensionen, Zeitepochen und Zeitzyklen.
Eine Reise zu dir selbst, die dich nach Hause bringt... ganz zurück, zu deinem Ursprung - dort, wo alles begann.

Du bist ein wesentlicher Bestandteil dieser Geschichte.

Und so frage ich dich an dieser Stelle:

„Wer bist du?“

Die meisten fangen jetzt an, mir ihren Namen zu nennen. Doch das meine ich nicht, denn ich will wissen, wer du wirklich bist!

Wenn die Antwort nicht so leicht ist:
Vielleicht kennst du folgende Situation auch? Du wirst interviewt oder bist in einem Seminar, einem Meeting oder einer neuen Gruppe und wirst gefragt:

„Stell dich doch einfach kurz vor."
Wer bist du?
Wo kommst du her?
Was machst du beruflich?

Mit dieser - für viele offenbar einfachen - Frage war ich meistens überfordert.
Schweißausbrüche,
Unwohlsein,
mein Hals schnürte sich zu und mein Solarplexus - das energetische Sonnengeflecht in der Magengegend - verkrampfte sich.

„Warum ist das so?" ... „Warum ist es mir nicht möglich, diese scheinbar einfache Frage locker, lässig, leicht zu beantworten (andere können das doch auch)?

Wirklich?
Können - und machen - sie es wirklich (einfach)?
Ja... sie machen es „einfach" in Form von „oberflächlich".
Und das ist der Punkt - ... **Ich kann nicht oberflächlich sein!**
(und somit ist es für mich nicht einfach :)

Bereits als Kind, hinterfragte ich ALLES, Ich blickte dahinter, um die Ecke herum und schaute tiefer. Sehr tief... So tief, wie es eben ging. Erst dann war mein „Wissen-wollen-Durst" gestillt.

Und auch jetzt bringt mich diese scheinbar einfache Frage - wenn sie aus der Dualität heraus gestellt wird - oft noch ins Straucheln. Was soll ich sagen, so dass ich verstanden werde? Sage ich, wer ich wirklich bin, so zeigen sie mir einen Vogel. Meine Erfahrung warnt mich zur Vorsicht, denn ich weiß: Sehr schnell sind sie bei Begriffen und Schubladen wie „verrückt" - „Traumtänzerin" oder „verschobene Esotante". ...

Wobei mir die Traumtänzerin sehr gut gefällt :) ... Im Bereich der Esoterik sehe ich mich nicht, doch hochspirituell bin ich auf jeden Fall.... und jaaa... genau betrachtet bin ich auch etwas ver-rückt ... und verschoben bin ich auch;)
Dem Himmel sei Dank, denn wäre ich es nicht, würde ich womöglich genauso in Angst und Chaos versinken, wie die meisten Menschen auf unserem Planeten, in dieser höchst transformierenden Zeit.

Jaa - Ich bin aus der dual denkenden Gesellschaft entrückt!

Und ich sage dir: Das ist gut so...

... denn genau DAS ist mein Job.
Ich bin ANDERS... ich denke ANDERS ... ich fühle ANDERS ... ich handle oft ANDERS...
ich interessiere und beschäftige mich für und mit ANDEREN Themen und Dingen, wie die meisten Menschen unserer Gesellschaft.

Wie ein Innenarchitekt erschaffe ich NEUE Räume,
wie ein Bauingenieur lege ich neue Wege an und erschaffe Brücken, wie eine Hebamme helfe ich bei der Geburt von NEUEM Leben, als Reiseführerin führe ich Menschen durch schwierige und schwere Zeiten und ich helfe immer da, wo es Hilfe und Unterstützung braucht...

So sag mir: Wie nennt man diesen Beruf?
Wie soll ich ihn benennen, was soll ich sagen?

Einige nennen mich „Engel".
Doch was passiert, wenn ich mich vorstelle und sage:
„Hallloo... mein Name ist Petra Geisel... ursprünglich haben mich meine Eltern SHAKIRA genannt ... ich bin die heilende Kraft und Heil*Energie*Bringerin vom GRÜNEN Farbstrahl, der Segnungstropfen aus der göttlichen Quelle, die die Seelen der Menschen berührt, (damit Heilung auf allen Ebenen geschehen kann) ... und ich bin ein Engel;)))"

Ein Engel auf Erden

Vielleicht kennst du meine Lieblingsserie aus früheren Zeiten mit Michael London? ER war - gleichnamig seine Serie - **mein Engel auf Erden**, der seinen Mitmenschen in ihren schwierigen Lebenssituationen stets sehr erfolgreich half.
Zuvor war er „Vater Ingels“ von „Unsere kleine Farm“. Ein liebender und fürsorglicher Familienvater, der immer eine Lösung wusste und seinen Kindern stets mit Rat und Tat felsenfest zur Seite stand.
Michael London war mein Engel, mein Held und großes Vorbild. Er inspirierte mich, setzte Sehnsüchte in mir frei.
Ich erinnere mich noch gut daran, wie ich als Kind den Entschluss fasste, was ich beruflich machen will. Ein Engel auf Erden wollte ich sein...
Mein größter Wunsch - „heilen können wie Jesus“ - war vorher schon da, ich war noch im Kindergarten- und Grundschulalter. Dieser Wunsch kam nicht von ungefähr, denn meine Herkunftsfamilie hatte große Themen mit sogenannten „Krankheiten“ und der dadurch verloren gegangener Lebensfreude. Lebens*Themen zum Wachsen und Reifen nenne ich es... doch damit lag ich - nach Ansicht meiner Herkunftsfamilie - weit, weit daneben.

Wirklich?
Lag ich wirklich daneben?
Hier gibt es ein paar ganz einfache Erkennungsmerkmale.
Du erkennst es, dass du auf dem richtigen (Seelen)Weg bist,
wenn du
* einfach und bedingungslos LIEBEN kannst
wenn du
* eine innere Ruhe und Gelassenheit in dir spürst (egal was ist oder gerade nicht ist)
wenn du
* tiefen Frieden in dir fühlst (und du einfach weißt und spürst: Alles ist gut)
wenn du
* dich frei und geborgen fühlst, (trotz jeglicher Bestimmungen, Auflagen und Regelungen, die dir im Außen auferlegt werden)

FREI zu sein von allen Bewertungen bedeutet, die „Richtig-und-Falsch-Schubladen* zu schließen.

Ich litt damals sehr unter meinem ANDERS-SEIN-GEFÜHL, da

- Ablehnung,
- Ausgrenzung und sogar
- verstoßen werden aus der Familie

der Preis hierfür war.

Dennoch wusste ich, dass es MEIN WEG war und immer noch ist.
Jaa - ich bin ANDERS.
Und ich sage es nochmals: Das ist gut so!
Ich bin genauso wie ich bin, RICHTIG!
Die Urteile der Anderen interessieren mich nicht mehr. Ich folge meinem inneren Ruf und meiner inneren Stimme... und die hat mich heute hierhergebracht, zu dir.

Und erneut frage ich dich jetzt, ganz bewusst noch einmal:
„Weißt du bereits, wer du wirklich bist?"

Einmal fühlen bitte
So schließe für einen Moment deine Augen und atme ganz ruhig... finde zu deinem eigenen Rhythmus... Atme in deinen Bauch hinein... Lasse es ganz ruhig in dir werden ... und dann frage dich selbst: „Wer bin ich?"...
Lausche ganz aufmerksam in dich hinein...
Und wenn du jetzt nicht denkst, sondern es dir erlaubst, ganz neutral zu bleiben und einfach nur zu fühlen, dann bist du ganz nahe an der wahren Antwort auf die wichtigste Frage, die du dir selbst je gestellt hast.

Ich frage mich immer wieder, warum es noch so ist, dass das, was wir FÜHLEN, ganz offensichtlich immer noch weniger Beachtung bekommt als der Verstand? Vielleicht liegt es einfach daran, weil manches sich nur schwer in Worten ausdrücken lässt und wir so oft noch meinen, alles erklären zu müssen? Oder auch daran, weil sich Emotionen und Gefühle der Logik entziehen, was der hyperaktive, eifrige Verstand ganz und gar nicht mag. In diesem Fall sendet er sofort ein Angstsignal aus, weil er „etwas" nicht erfassen, erklären, einordnen oder verstehen kann. Dieses Signal kommt tatsächlich einer Warnung gleich und sofort werden wir unsicher und bekommen womöglich wirklich Angst. Wenn wir jetzt allerdings glauben, dass diese Angst von unseren Gefühlen ausgeht, und wir daraufhin versuchen, diese zu beherrschen, dann passiert genau das Gegenteil von dem, was wir eigentlich wollen.

Die Welt steht Kopf, weil wir zu viel denken

In früheren Zeiten machte dieses Warnsignal sicherlich Sinn, es rettete uns sogar oft das Leben. Doch heute ist eine ganz andere Zeit angebrochen, die GEFÜHLE wollen gefühlt und EMOTIONEN spürbar gelebt werden.

Das Denken erzeugt Angst, nicht das Fühlen!

Wenn ich vom Kampf zwischen Herz und Verstand spreche, dann meine ich genau diesen Zustand. Das „Kopf-sticht-Herz-Spiel", dieses ewige Hin und Her zwischen Verstand und Gefühl. Dieser Zwist ist so alt wie die Welt selbst. Es ist der Kampf zwischen dem Licht und der Dunkelheit.
Das soll jetzt nicht heißen, dass alles, was der Versand sagt, dunkel oder gar böse ist - Nein, garantiert nicht (jeder weiß ja auch bereits, dass nichts wirklich „böse" ist.)

Wenn wir jetzt einfach mal den Begriff „Dunkel" als die Abwesenheit von „Licht" deuten, dann ist der Verstand und das Verstandesmäßige eher „dunkel-belichtet". Er kann z.B. niemals erfassen, was das Universum ist... oder Gott... die göttliche Quelle... oder wie immer du „ES" nennen magst. Der Verstand ist hierzu nicht in der Lage, denn er ist begrenzt - in der Tiefe begrenzt. Er erfasst theoretisch, jedoch nicht praktisch. Er berechnet, braucht klare Daten, Fakten, Beweise. „Was ich sehen kann, glaube ich", diesen Satz hörte ich häufig. Ich sage dazu nur: „Was ist mit den Handystrahlen, du siehst sie auch nicht und dennoch funktioniert es - oder"?
Es ist uns nur sehr begrenzt möglich, das Göttliche zu beschreiben. Und weil man die Seelenwelten nur ansatzweise in Worte kleiden kann, kann man auch „Gott" weder beschreiben, noch einen Beweis für seine Existenz erbringen. Egal, was der Verstand auch jemals hervorbringen wird. Warum? Weil er durch seine Begrenztheit hierzu einfach nicht in der Lage ist. Die Seelenwelten

können ausschließlich nur durch die innere Gefühlswelt erfasst werden. Dumm gelaufen für den Verstand, weil doch gerade ER so gerne einen Beweis hätte :)))

Das klingt jetzt für dich vielleicht so, als wollte ich den Verstand kleinreden, doch dem ist nicht so, denn im Alltag kann er uns schon sehr behilflich sein. Eine gute, klare Struktur erleichtert uns das alltägliche Leben - das ist unbestritten. Ganz besonders für uns (hoch)sensible Wesen.
Doch was der Verstand nicht hat, ist Erleuchtung.
Warum nicht?
Weil die Seele das Licht trägt ... und „Seele" kann nicht mit dem Kopf erfasst werden, Seele spürst du ... du fühlst sie... oder auch (noch) nicht(?)
Der Verstand ist ein Konstrukt, das ich „Werkzeug" nenne... und Werkzeuge machen das Leben leichter, jeder Handwerker wird mir das bestätigen.

Doch wie kommt es dazu, dass die Menschen den Verstand ÜBER ALLES stellen und sich mit ihm sogar identifizieren? Und das vor allem in unserer westlichen und „zivilisierten" Welt? Und weshalb sind die Phantasie und die Vorstellungskraft von Wundern so sehr in den Hintergrund gerückt? Wie kann das sein?

Dies wird dir schnell klar werden, wenn du die Hintergründe erfährst.

Jedoch...

... weißt du: Du kannst jetzt auch wieder hergehen und die Geschichte, die ich dir gleich erzählen werde, mit dem Verstand erfassen. Doch dann kann ich dir jetzt schon sagen, dass so manches in deinen Hirn-Systemen hängen bleiben wird. Darum ist es gerade hier wichtig, dein Herz zu öffnen und ZU FÜHLEN!
ER - dein Verstand - ist keineswegs dein Feind, er will dich lediglich schützen. Was er jedoch nicht weiß (weil er das nicht fassen kann) ist, dass es in Wirklichkeit für die Seelenwelten keinen Schutz braucht, denn hier bist du zu Hause... und in absoluter Sicherheit,... hier fühlst du die Geborgenheit und die Liebe... und alles, was du bist.

Die Seelenwelten in Worte zu kleiden ist nicht ganz so einfach und im Grunde ist dies auch nur ansatzweise möglich. Doch ich gebe mein Bestes und versuche, dir so gut wie möglich zu beschreiben, was so lebendig und gut fühlbar für mich ist. So gebe nun auch du - wenigstens für die Dauer dieser Geschichte - nicht deinem Verstand das Oberkommando, sondern vielmehr deinem Herzen. Auf dass die Liebe, die in dir wohnt, so richtig frei fließen kann.

Und dann sage mir:

Was fühlst du?
Was spürst du?
Kannst du mich spüren?
Merkst du, dass ICH ES BIN, die gerade vor dem Computer sitzt,... wie meine Finger über die Tastatur fliegen und sich die Buchstaben, Worte und Sätze auf dieser wundervoll, neuzeitlich, digitalen „Schreibmaschine" zeigen und wie dadurch die Energie für dich sichtbar wird? Mit diesem folge ich übrigens einer Botschaft, die ich vor einiger Zeit im Traum erhielt. Sie lautete: „Mache das Unsichtbare sichtbar." Damals wusste ich nicht, was „sie" damit meinen, heute weiß ich es :)
So kannst du jetzt die Worte und Sätze lesen und gleichzeitig auch die Energie spüren, die beim Schreiben durch mich fließt. Ich bündele die Energien für dich und mache sie für dich sichtbar und so, dass dein Kopf bewusst erfassen und dein Herz gleichzeitig fühlen kann, wenn ich dir jetzt von dem berichte, was du tief in dir sowieso bereits weißt. Ich erinnere dich lediglich wieder daran, denn in Wahrheit trägst du alles Wissen bereits in dir. Ich ziehe den Schleier des Vergessens einfach ein kleines und manchmal vielleicht auch ein großes Stück zur Seite.

Die Sprache der Seele
Die Sprache der Seele sind Bilder und das Fühlen.... Bilder entstehen in dir... Ein Bild - und vor allem ein Gefühl - ist immer vollständiger und größer, als es ein Wort oder Gedanke sein könnte. Erlaube deiner Phantasie, sich zu entfalten, ihr sind keine Grenzen gesetzt. Phantastereien sind vielmehr Erinnerungen, die nach und nach in dir aufsteigen. Wir rücken nun DAS wieder gerade, was vor langer, langer Zeit - vor etwa 4,5 Milliarden von Jahren - in Unordnung geraten ist.
Was genau, erfährst du in der Geschichte...

... darum heißt es jetzt:

Vorhang auf,
der letzte Akt im Spiel des Lebens wird jetzt eingeleitet.

Deine Reise *Zurück zum Ursprung* beginnt... JETZT!

Der Gegenpol zur Dunkelheit ist das Licht.
Der Verstand ist der Gegenpol zum Erwachen.
Die Liebe ist der Gegenpol zur Angst.
Der Gegenpol zum Zweifel ist das Vertrauen.
Der 2. Meilenstein auf deiner Reise

Zeitreise zum Ursprung

Im Helden*Schritt 2 nehme ich dich mit auf eine himmlische Reise. Wenn du willst - dein Wille geschehe - können wir zu diesem Helden*Schritt auch eine Einweihung machen, die dich tief mit deinem Ursprung verbindet.

Und nun stell dir vor, du legst dich schlafen ... ein Engel sitzt an deinem Bett und erzählt dir eine Geschichte. Er sagt, dass es deine Geschichte sei und du darfst nun einfach deinen Verstand einschlafen lassen ... du entspannst immer mehr... atmest dabei tief und gleichmäßig... Und dann lausche in dich hinein und fühle mit deinem Herzen, was dein Engel dir nun erzählt...

„Das Universum, in dem du dich befindest, in dem du lebst, in dem du - deine Seele - erschaffen wurdest von deinen kosmischen Eltern als reines Licht, nennen wir das erste zentrale Universum. Es ist das jüngste aller Universen und das bunteste und das vielfältigste...
So viel Leben wurde erschaffen von Anbeginn bist jetzt... so viele Planeten, Galaxien... und alles ist belebt.
Und da mag es vielleicht für dich gerade zu unbedeutend erscheinen, auf einem dieser vielen, vielen Planeten zu leben und dich als Mensch zu empfinden. Doch ich möchte dir sagen:
Du bist ebenso ein göttliches Licht wie ich - eben nur in einem menschlichen Körper,...
du bist die göttliche Quelle, das Gotteslicht, in Tätigkeit auf Erden. Und du bist so bedeutsam, so einzigartig, so wundervoll, wie jedes Licht, das stets bedingungslos geliebt wird, unermesslich, jedes Wesen, jeder Mensch...

Es spielt für uns keine Rolle, woran du als Mensch glaubst... es spielt für uns keine Rolle, in welchem Land du geboren wurdest... welche Hautfarbe du trägst, welche Sprache du sprichst und all diese Unterscheidungen, die ihr Menschen macht....
Es spielt für uns auch keine Rolle, ob du glaubst, ein guter oder ein schlechter Mensch zu sein...
All das, diese Gedanken und Arten der Trennung sind auf eurem Planeten entstanden, vor langer, langer Zeit und es entspricht nicht der Wirklichkeit.

Diese Illusion der Trennung, das Gefühl des Ab-getrennt-seins, erlebt ihr sehr real, ...und doch werden wir nicht müde werden, euch immer wieder daran zu erinnern, dass gerade dann, wenn du dich vielleicht einsam und nicht verbunden fühlst, wir dir besonders nahe sind und dich in jedem Moment unermesslich lieben...
Egal was du glaubst, getan zu haben, egal was du glaubst, welche Schuld du zu tragen hast, für uns spielt das keine Rolle... Wir sehen dich in deinem vollkommenen Licht...

Es sind so viele Überzeugungen in euch, die euch klein halten, so viele Muster in euren Gedanken, die euch begrenzen...

Und wir möchten euch immer wieder daran erinnern, wer ihr in Wirklichkeit seid!

Ein Weg des Erinnerns und des Erwachens in der neuen Zeit ist geprägt von **Leichtigkeit und Fülle**... von Gesundheit, von menschlicher Liebe, von Geborgenheit, ... das unterscheidet sich sehr von vielen spirituellen Praktiken, die in der früheren Energie gelebt wurden. Oftmals war Erleuchtung, Erkenntnis, Entwicklung mit so viel Entbehrung verbunden und in der alten Energie war es auch nicht anders möglich.
Und dies ist die wichtigste Botschaft für dich, du liebendes Herz, du mutige Heldin, du wundervoller, feinfühliger Held.
Erwachen und Heilung in der neuen Zeit ist einfach, es hat sich so vieles verändert, was es dir leicht macht, was dir entgegenkommt...

Und auch das Wissen der Neuzeit, was wir überbringen, ist ein Teil davon...
Wir knien uns voller Demut vor dir nieder, um dich zu erhöhen, um dir zu sagen:

Du bist eine und einer von uns!

So wie wir, wurdest du im Universum erschaffen.
Trägst viele Aspekte der Engel in dir und hast nach dem großen Experiment, das stattfand, im Universum beschlossen, in die Dichte der Dualität zu gehen. Es war deine Wahl, und diese Wahl hast du voller Liebe getroffen, voller Mut und voller Vertrauen... um den Planten nach Hause zurück zu bringen...
So möchte ich - dein Engel an deiner Seite - hier nicht im Detail darauf eingehen, was dazu geführt hat, dass euer Planet aus dem Magnetfeld des göttlichen Feldes herausgezogen wurde und dieses Bewusstsein der Trennung entstand.
Doch dem Universum war klar, würde diese Abtrennung nicht rückgängig gemacht werden, wird die göttliche Quelle diesen Erfahrungsraum dieses bereits so bunte und voller Leben gefüllte Universum` einatmen und das Experiment beenden.

... Und so wurdest du - als Individuum - in deinem Seelenlicht erschaffen.

Deine Ursprungsfrequenz - Ursprungsname - Lebenssatz - persönliche Zahl und Farbstrahl

Alles im Universum besteht aus Schwingung, Frequenzen und Töne.

Als vor langer Zeit das Universum aus dem Gleichgewicht geriet, traten einige hohe Engelswesen hervor und setzten neue Samen. Diese Samen formten sie zu Lichtern. Lichter, die dafür erschaffen wurden, um das Gleichgewicht in einigen Teilen des Universums wiederherzustellen. Jene Lichter waren in ihrer Prägung sehr vielfältig und keines glich dem anderen. So war es geplant und entsprechend wurde gehandelt!

Schöpferengel werden sie genannt, die unter anderem die Aufgabe haben, Licht und damit Leben zu erschaffen.

Die hohen Engelswesen - die Schöpferengel - erschufen Lichter, indem sie Töne formten und dabei vollkommene Harmonien der Heilung, der Kraft, der Liebe, des Mutes, des Schutzes, der Vereinigung und viele andere Attribute Gottes, welche gebraucht wurden, erzeugten. Nichts wurde dem Zufall überlassen, und hört man die Töne vereint, erklingt die vollkommene Harmonie, die sich aus vielen vollkommenen Tönen formt.

In diesem Gleichklang begannen die Lichter in voller Kraft zu wirken, mit dem Ziel, das Gleichgewicht wiederherzustellen. Und doch kam eine Zeit, als die vollkommenen Töne - die hellsten Licht - vergaßen, wer sie waren.

Jeder Einzelne von uns wurde aus einem bestimmten Grund erschaffen. Wir tragen alle einen vollkommenen Ton in uns, dies macht uns so wertvoll, jeden auf seine Art.

Dieser vollkommene Ton formt sich aus vielerlei Energien. Darunter finden wir unseren **Ursprungsnamen**, den **Lebenssatz**, unsere **persönliche Zahl** und unseren **Farbstrahl**. Hierin liegen die für uns - zu diesem Zeitpunkt - wichtigen Codierungen.

Der **Ursprungsname** wurde dir gegeben, damit du in großer Kraft wirken kannst. Er beinhaltet all deine Fähigkeiten.

Dein **Lebenssatz** wurde dir von deinen kosmischen Eltern mit auf den Weg gegeben. Nach jeder Inkarnation wurdest du mit diesem in der Wirklichkeit wieder willkommen geheißen. Dieser Satz ist dir in jeder deiner Inkarnationen auf irgendeine Weise begegnet und hat für dich eine tragende Rolle gespielt.

Die **Zahlen** und der **Farbstrahl** tragen dazu bei, dass dein Lebenssatz sich erfüllen kann.
Jedes Licht trägt ganz individuelle Prägungen, Töne und Farben.
Jedes Licht wird für einen ganz bestimmten Zweck erschaffen!
Die kosmischen Eltern bestimmen, welche Prägungen das erzeugte Licht erhält. Sie geben die Attribute, die sie selbst in sich tragen, an dich weiter.

Du wurdest vor vielen Millionen Jahren von deinen kosmischen Eltern erschaffen. Auch wenn zwischen euch ein unzerstörbares Band entstand, so ist es dennoch möglich, dass du eine tiefere Verbindung zu einem deiner vielen anderen Seelennamen oder Engelwesen spürst.

Mache dir mal bewusst, wie viele Inkarnationen du durchlebt hast und wie oft du nach Hause in das Universum zurückgekehrt bist. Jedes Mal nach deiner Rückkehr, haben dich deine kosmischen Eltern in Empfang genommen. Es wurde beschlossen, was du nach deiner Rückkehr als Vorbereitung für deine nächste Inkarnation benötigst und je nachdem, welche Aufgabe für die nächste Inkarnation vorgesehen war, wurde dein Licht daraufhin geschult. Wenn es zum Beispiel vorgesehen war, dass du - nach einer Rückkehr - als nächste Inkarnation als *Liebesbotin* auf die Erde gehst, wurdest du auf die Venus gebracht. Hier hast du wieder Licht aufgenommen und wurdest auf deine nächste Inkarnation vorbereitet. Hier hast du einen Namen erhalten, ähnlich wie auf der Erde. Dieser Name war dann ein sogenannter Seelenname, der für diese Zeit auf der Venus von wesentlicher Bedeutung war. Und falls du öfters auf die Venus gekommen bist, weil eine wichtige Aufgabe die der *Liebesüberbringerin* ist, dann ist es möglich, dass dir dein Seelenname näher ist als dein Ursprungsname. So ist es also durchaus möglich, dass du verschiedene Seelennamen hast, jedoch nur einen Ursprungsnamen.

Trotzdem ist in dieser äußerst wichtigen Inkarnation, in der wir uns befinden, es von größter Bedeutung, den Ursprungsnamen zu kennen und zu verwenden, weil darin alles gespeichert ist, was du brauchst, um dich selbst zu erkennen.

Die Entstehung deines Seelenlichts

Deine kosmischen Eltern erzeugten zusammen eine Tonfrequenz, die so lange vibrierte, bis du - als Licht - eine bestimmte Größe erreicht hattest. Dann wurdest du - das Licht - von den verschiedenen Frequenzen willkommen geheißen.
Es war ein Fest der Liebe und der Freude, dass dir zu Ehren gefeiert wurde.

Sie hegten und pflegten dich, wiegten dich liebevoll ....

und wenn du ganz tief in dir versinkst, dann kannst du es wieder spüren.

Spüre die Umarmung, spüre die Geborgenheit...
Deine kosmischen Eltern hüllten dich - ihr erschaffenes Licht - in eine Membran ein und brachten dich auf verschiedene Planeten.
Dort nahmst du - als Licht - die Energien der jeweiligen Planten auf.
Dies wird die Prägungsphase genannt.
Die kosmischen Eltern legten fest, wieviel Energie du - das Licht - von den jeweiligen Planten aufnehmen solltest.
Nichts geschieht zufällig.
Die kosmischen Eltern wissen, warum sie dich - als Licht - erschaffen haben. Sie taten dies ganz bewusst und waren voller Liebe für dich.

Wenn deine kosmischen Eltern dein Licht zum Beispiel auf Sirius führten, bedeutet das, dass du sehr viel Heilenergie übertragen bekommen hast. Brachten sie dich zur Venus, wurde dir jede Menge Liebesenergie in dein Seelenlicht übertragen.
In der Dualität bedeutet das, dass dieses Wesen, dieser Mensch, eine besondere Fähigkeit zum Heilen bzw. in Sachen Liebe erhalten hast.

Sobald deine Prägungsphase abgeschlossen war, erhieltest du - als Licht - eine **ureigene, multidimensionale Tonfolge**, die du seither in dir trägst.
Dies wird der Ursprungsname genannt.
Die geistige Welt hat beschlossen, diese Tonfolge in Form von Buchstaben an die Menschen zu übermitteln.
Sobald du in die Absicht gehst und deinen Ursprungsnamen wissen willst, blicken die 36 Hohen Räte in deinen Lichtkörper und in die Tiefe deiner Seele. Sie erkennen deine Töne und deine Farben und wandeln diese in einen menschlichen Namen um. Wenn du zum ersten Mal mit deinem Ursprungsnamen in Kontakt trittst, wird dieser mit einem persönlichen, energetischen Muster hinterlegt. Dieses gleicht niemals einem anderen Muster. Auch deine Erfahrungen als Seele ist einzigartig. So mag es vielleicht mehrere Wesen mit deinem Namen geben, dennoch ist dein Ursprungsname einzigartig, obwohl ähnliche Prägungen und Fähigkeiten vorhanden sind.

Abschließend wurde dein Licht von deinen Eltern zum göttlichen Gedankenfeld geführt.

Die göttliche Quelle selbst fügte dir - als Licht - **einen vollkommenen Ton hinzu.** Die göttliche Quelle übergoss dich mit den Segnungstropfen, die als >Atem Gottes< bezeichnet werden. Das ist einer göttlichen Taufe mit Segen gleichzusetzen.

Deine kosmischen Eltern brachten dich anschließend in deine ursprüngliche Frequenz zurück und begannen für ihr Licht - für DICH - in den höchsten Tönen zu singen.
Dadurch fand eine Verschmelzung statt zwischen ihnen und DIR.
Ein weiteres Wesen wurde von Ihnen auserwählt, das mit einem Paten vergleichbar ist. Auch von diesem Wesen hast du Attribute erhalten, es wird dein °Hohes Selbst° genannt.

Eine tiefe Liebe und ein unzerstörbares Band ist entstanden... und ganz gleich, was auch immer sich hier, in der Dualität, in deinem irdischen Leben abgespielt hat, dieses Band hat dich stets gehalten und durch die schweren Zeiten getragen.

Bei der Verschmelzung mit deinen Eltern wurden dir die Attribute deiner kosmischen Eltern übertragen.

Der Prozess war somit abgeschlossen und Du - das Licht - wurdest von der Membran befreit. Diese Membran wurde anschließend von deinen Eltern in eine Lichthalle gebracht, in der du - nach jeder Inkarnation - ins Universum zurückkehrtest. Jedes Mal wurdest und wirst du von deinen kosmischen Eltern dort empfangen und zu deiner Membran geführt. In der Membran wird alles, was du in dieser Inkarnation erlebt hast, gespeichert.

Deine gesamten Fähigkeiten, deine Aufgabe und all deine Kraft sind in deinem Ursprungsnamen enthalten. Je mehr du dich mit deinem Ursprungsnamen und Ursprung verbindest, je mehr wirst du DICH SELBST spüren können.

Und so hast du einst, in deinem grenzenlosen Mut, in deiner Barmherzigkeit, mit deiner Liebe, nicht wissend, worauf du dich genau einlässt, entschlossen, in diese Dualität zu gehen....
... um dir eine Vorstellung zu geben,
auch wenn dies sehr schwierig ist, denn wir betrachten das Ganze in einem, auch wenn dies, in linearer Zeit zu übermitteln, vor Milliarden von Jahren deiner Zeit stattgefunden hat...

Du hast vertraut... und so hast du einst diese Entscheidung getroffen.
So viele Inkarnationen hast du gelebt bisher, in verschiedenen Formen, durch viele Epochen ...die Zeit hindurch...

... und heute stehen wir an einem weiteren Wendepunkt, an dem du eine Zeitzeugin bist ... Was der erste Wendepunkt unserer Geschichte war, erzähle ich dir im Meilenstein 4 deiner Reise.

Petra Shakira Geisel

Helden*Schmiedin
Mutmacherin
Mentorin
Reiseführerin für Innere*Welt*Reisen
Autorin
Wandlungs*Künstlerin
und Meisterin der Transformation

My Way

Ausgestattet mit Fähigkeiten, die mir das Leben mit meinen Mitmenschen und meiner Familie nicht einfach machten, kam ich auf die Welt. Zum einen war ich viel sensibler als andere und zum anderen ging ich mit Dingen, Situationen und anderen Menschen - aufgrund völlig untypischer Glaubenssätze - anders um, als man von Kindern normalerweise erwartet. Meine Interessen galten mehr dem, was für andere „unsichtbar" war. Mit Gleichaltrigen konnte ich nur bedingt etwas anfangen, lieber führte ich mit Erwachsenen und sogenannten „Gottesdienern" tiefgreifende Gespräche. Ich meine: insofern dies mit ihnen möglich war... so viele gab es davon nicht, die in der Lage waren, meinen Wissensdurst zu stillen.
Dass ich für andere „seltsame" Dinge wahrnahm, wusste ich lange nicht - für mich war es ja sehr real, lebendig und normal. Dass ich sie schlichtweg mit meinem Wissen-wollen und meinen facettenreichen Fragen überforderte, konnte ich nicht ahnen. Somit deutete ich ihre „komischen" Reaktionen auf mich als Abweisung, Ablehnung und Ausgrenzung, was ein ungutes Gefühl von „Ungeliebt-sein" in mir hinterließ.
So lebte ich in zwei Welten - in meinem eigenen Universum, zwischen zwei Welten. Doch so überlebte ich, in dieser „realen" Welt, die mich täglich vor große Herausforderungen stellte. Einsamkeit, Trauer, Abschiede und Neuanfang standen im Lehr-Plan meines Lebens.

Meine geistige Welt war schon immer mein gefühltes Zuhause, mein Zufluchtsort und meine Kraftstation zum Energie tanken. Und ich wusste instinktiv, dass es hier noch sehr viel mehr gibt...

So lange glaubte ich, versehentlich auf diesem Planeten, den ich Mutter Erde oder Lady Shyenna nenne - gelandet zu sein. Ich konnte es einfach nicht fassen, nichts stimmte mit meinem tiefen Gefühl: „Gott ist pure Liebe“ überein. Meine Nerven lagen oft blank, mein Herz schmerzte, wenn ich miterleben musste, wie Menschen miteinander umgingen. Nirgends im Außen fand ich meine göttliche Quelle - ich durchforstete alle Religionen. Bei allen fand ich einen Teil von „Wirklichkeit“, doch gleichzeitig zeigten sich auch sehr duale Strukturen, die rein gar nichts mit dem puren Gotteslicht (das ich immer schon voller Sehnsucht in mir spürte) zu tun hatten.

Im Laufe meines Lebens - meiner eigenen Heldenreisen - war mein Ziel stets auf die „Wahrheit“ ausgerichtet. Ich wollte die absolute, eine, reine Wahrheit wissen. Den Schatz - das Geschenk - den ich erhielt, war die Weisheit, erfüllt mit jeder Menge Lebenserfahrung und Erkenntnisse über den wahren Sinn des Lebens.

Meine Erfahrungen, meine Empathie und Feinfühligkeit, eröffneten mir in meinen Berufen - als „Mama“ sowie als psychologische(r) Mentorin & Couch - viele Möglichkeiten.

Ich war stets stark für andere. Meine eigenen Trauerprozesse machte ich mit mir alleine aus. Trotz der Schwere gelang es mir jedes Mal, mich wieder zurück ins Leben zu bringen. In mir selbst - in meinem Zentrum, meiner Mitte, in meinem Zauber- und Seelengarten, in meinem Herzen - fand ich stets den Trost, der mir im Außen keiner geben konnte.

Was sich immer und immer wiederholte ist, dass es einen oder eine gab - in menschlicher oder tierischer Form, - auf den/die ich mich verlassen konnte und die mir Brücken bauten. Heute weiß ich, dass das die „Mentoren“ waren, denn in jedem Veränderungsprozess gibt es garantiert eine oder einen, die/der dir zur Seite steht, dich begleitet und unterstützt. Meinen treuster Freund, der mir in der schwierigsten Zeit meines Lebens zur Seite stand und mit mir durch dick und dünn ging, heiratete ich. Als wir uns kennenlernten, war ich mitten im größten Transformationsprozess, ich erlebte somit den Himmel und die Hölle gleichzeitig. Dieser Prozess war hart - sehr hart. Doch er schenkte mir meinen größten Schatz und machte mir das wertvollste Geschenk, das ich mir am aller allermeisten wünschte - meine eigene Familie. Nach 4 Jahren des Kummers, der einen unerfüllten Kinderwunsch in sich barg, wandelte ich mich - und somit veränderte sich auch mein Leben. Heute bin ich glückliche Mutter von vier wundervollen Kindern. Eigentlich wären es sechs gewesen, doch auch hier prüfte mich das Schicksal doppelt und dreifach. Ich lernte das Annehmen und wurde zur Wandlungs*Künstlerin. Seither ist es so, dass ich alles in meinem Leben annehmen und akzeptieren kann, denn ich weiß:

„Es ist wie es ist -
und wie es wird, bestimme ich selbst!

Und so habe ich die Heldenreise mit wertvollen Hilfsmitteln und Werkzeugen bestücken können, die jede Veränderung - und somit das Leben - einfacher werden lässt.
Durch die Anwendung dieser Systeme wird deutlich, dass alles, was dir in deinem Leben - auf deiner Lebensreise - geschieht, einen Sinn hat. Es zeigt dir auch deine Aufgaben, die noch vor dir liegen, ebenso wie deinen nächsten Schritt und wie du dein Ziel (relativ) „einfach" - auf direktem Weg ohne große Umleitungen - erreichen kannst.

Die Systeme, die ich mit aufgenommen habe, haben sich in vielen Lebensreisen bestens bewährt, sie werden täglich angewandt.

Neben meiner tiefsten Heimatquelle, die der golden blauen Frequenz entspringt, ist es auch Dr. Joe Dispenza, der die Verbindung des Spirituellen mit der körperlichen Ebene verbindet. Er belegt alles rund um „Energie" und „Heilung" auf messbarer und wissenschaftlicher Ebene. Dieses Wissen bildet die Basis meiner Arbeit - wer mehr darüber wissen mag, darf sich gerne anderweitig darüber informieren. Es lohnt sich, ganz besonders für diejenigen, die „Beweise" und Futter für ihren Verstand brauchen!

Meine Arbeit beginnt hier:

> Sobald wir mit Energien arbeiten, begeben wir uns auf eine „göttliche“ Ebene, von der aus wir die Welt - und somit unser Leben - steuern können. Und genau hier sind wir im Bereich der Magie angelangt. <

Bist du bereit für etwas mehr Magie in deinem Leben?

Löse dein Ticket ins Glück

Wir alle leben gerade in weltweit schwierigen und höchst herausfordernden Zeiten der größten Transformation aller Zeiten. Jeder bekommt es hautnah mit, keiner kann sich diesem Prozess entziehen. Wer bereits weiter und tiefer blicken kann, erkennt das riesengroße Geschenk dahinter! Doch um dieses Geschenk zu bekommen, müssen jetzt alle Heldinnen und Helden aufstehen. Jeder Einzelne muss erkennen, wie groß seine eigene Kraft und Macht in diesem Spiel der Dualität ist. Schau dir deine Schatten-Anteile an und erkenne, was noch zwischen dir und deinem erfüllten Lebensglück steht. Ich sage dir: „Alles was du brauchst, liegt bereits in dir! Deine größten Wünsche und Träume nach Frieden, Gesundheit, Freiheit, Glück und Liebe sind zuallererst IN DIR zu finden, bevor sie auch im außen sichtbar und manifest werden können!“ Um dies zu erreichen, braucht es einen Wandel, der mit einem Transformationsprozess einhergeht.

Und genau darum geht es auf deiner Heldenreise. **Erkenne, um zu wandeln, was dich noch nicht frei, friedvoll, gesund, glücklich und erfüllt von Liebe sein lässt.**

Die Heldenreise ist eine Reise zu dir selbst. Sie lässt dich erkennen, wer du wirklich bist und weshalb du - genau jetzt, in dieser sehr schwierigen Übergangsphase - hier, auf unserem Planeten bist. Du - als Seele - hast ganz spezielle Fähigkeiten erhalten und wurdest für eine bestimmte Aufgabe erschaffen. Dein ganzes Potenzial ist in deiner Seelenstruktur gespeichert. Es ist gewiss kein Zufall, der Planet und alle Bewohner unserer Mutter Erde brauchen dich jetzt in deiner Kraft! Deshalb mach dich auf, trete deine Heldenreise an, stelle dich deinen Herausforderungen und Schatten. Die Dunkelheit darf und muss jetzt weichen, wenn du es so bestimmst!
Es ist eine tief gehende Reise der Selbsterfahrung und Selbsterkenntnis, die auf dich wartet.
Du bist die Heldin deiner eigenen Lebensgeschichte. Sie symbolisiert deine weibliche Kraft.
Trau dich ... trau dich jetzt... trau dich anders :)

Alles beginnt mit einer Entscheidung!

Entscheidungen
zu treffen fällt vielen nicht leicht, und doch sind sie für deine SELBSTERKENNTNIS, deine BEFREIUNG und dein LEBEN unumgänglich. Außer du entscheidest dich dafür, dass ANDERE über dein Leben bestimmen sollen. Auch das ist eine Entscheidung, die 1:1 vom kosmischen Lieferdienst, gemäß deiner Bestellung ans Universum, für dein Leben geliefert wird. Wie sehr wir doch unser Leben selbst bestimmen (können), wurde mir erst auf dem Weg meiner eigenen Heldenreise bewusst. Mit dem, wie ich gelernt hatte, mein Leben zu reflektieren und es anschließend selbst in die für mich richtigen (Energie)Bahnen zu lenken, wurde mein Leben leichter. Viiiiel leichter. So leicht, dass die Lebensfreude, die bis dato unter viel belastetem Sondermüll (der meist nicht mal mir gehörte) das Licht des Lebens erblicken konnte. Puuuh. Alleine wenn ich daran zurückdenke, spüre ich nochmals die Schwere, die da viele Jahre auf meinen Schultern und um mein Herz lag. Doch da ich diesen schweren Felsbrocken ja bereits gelöst und mein Herz von diesen Lasten befreit habe, kann ich auch in diese Erinnerung wieder blitzschnell eintauchen und das befreite Herz SOFORT WIEDER SPÜREN. Und das fühlt sich so, so, so guuut an, dass ich dir unbedingt über diesen Weg erzählen will.

Warum mir das wichtig ist:
Weil ich weiß, dass alles, was mir gelungen ist, für dich ebenfalls möglich ist! Und das geht sogar noch weiter, denn was irgendwann mal irgendwem gelungen ist, das ist ebenfalls für mich und für dich möglich!
Mit anderen Worten: ALLES IST MÖGLICH! (wenn man weiß, wie's geht ;)
Und wenn man weiß wie's geht, dann gibt es auch noch ein nächstes Level das besagt: Wenn es etwas noch nicht gibt und keiner zuvor dies jemals gemacht hat, dann wirst DU die oder der Erste sein. Dann wirst du zwar erst mal als „Spinner“ oder „Traumtänzer“ abgestempelt, doch auch das gehört wohl zu diesem Level dazu. Dieses Level ist nichts für Feiglinge. Hierzu braucht es

jede Menge Mut, Ausdauer und Standhaftigkeit. „Trau dich anders“ heißt hier der rote Faden mit dem Ziel: „Lebe deine Bestimmung“.

Doch das soll jetzt erst mal noch nicht das Thema sein (falls doch, dann beglückwünsche ich dich herzlich und weiß: Deine Meisterschaft hat begonnen).

Woran du merkst, dass du mitten in deiner Meisterschaft steckst:
Das erkennst du daran, dass es um dich herum ziemlich ungemütlich wird. Alles wird eng und spitzt sich zu. Es scheint so, als platzt dein Leben aus allen Nähten, du drehst dich im Kreis. Verdrängen geht auch nicht mehr, alles - wirklich ALLES - kommt an die Oberfläche. Mit anderen Worten: Dein Leben fliegt dir um die Ohren.
Das ist wie ein Erdbeben, welches all das, was nicht zu deinem Seelenplan passt, in Schutt und Asche verwandelt.
Und auch wenn dies im ersten Moment ziemlich fürchterlich und schrecklich sein kann, so verrate ich dir jetzt ein Geheimnis.
Ich garantiere dir:
„Irgendwann macht alles Sinn!“ und „Alles dient dir zu deinem Besten! Darauf kannst du dich 1000% verlassen.
Wenn du dich traust, dich ganz bewusst auf diesen Veränderungsprozess einzulassen, in der Gewissheit, dass am Ende alles gut sein wird, dann hast du die schwerste Prüfung bereits bestanden. Glaub mir - ich weiß, wovon ich rede: D
Mir geht es heute weniger um die klassische Heldenreise an sich, mir geht es eher darum, dir hier deutlich zu machen, dass jegliche Veränderung einem gleichen Prinzip entspringt. Und wer dieses Prinzip kennt, ist in der Lage, ganz bewusst durch diese Veränderungen in seinem Leben hindurchzugehen.
Ganz bewusst seinen Lebensweg reflektieren zu können, um seine Energie entsprechend seinem Ziel zu lenken, ist ein unbezahlbarer Gewinn für unser Leben.
Die Heldenreise ist ein Reiseführer und ein Handbuch für die Kunst, Mensch zu sein. Sie hilft dir, jegliche Schwierigkeit im Leben besser und vor allem leichter zu meistern. Das Ziel ist, über diese Herausforderung, die im Moment für dich noch schwierig ist, hinaus zu wachsen und daran zu reifen.

Dein großer Schatz: **Die weibliche Kraft in dir**

Die Dreieinheit deiner stärksten Kraft

Deine Innere Frau, die Heldin in dir und die innere Lichtkriegerin bilden eine Einheit in dir. Der Archetyp der Heldin bündelt die Energiefelder der Inneren Frau und der Lichtkriegerin als kraftvoll starkes Energiefeld zusammen - das ist pure Magie!
Wie du herausfinden kannst, was du dafür tun kannst um in deine weibliche Kraft zu kommen... oder sie zu stärken ... und was dir deine Lichtkriegerin dazu rät, findest du im Workbook:

Die Heldenreise als Lenormand Selbsthilfe Workbook
(Mit Durchblick leichter durch schwierige Zeiten gehen)

Deine Innere Familie

Meist ist das der Punkt auf deiner Reise, an dem du deutlich merkst, dass du dich selbst verloren hast und du nun den Weg wieder zurück ins Leben suchst. Durch diesen **5. Meilenstein** auf deiner Reise wirst du ein tiefes Wohlbefinden spüren und deine Kräfte neu bündeln.

Bestimmt hast du schon oft von deinem Inneren Kind gehört.
Doch hast du gewusst, dass es neben deinem Inneren Kind auch noch einen Inneren Mann, ebenso wie eine Innere Frau in dir gibt? Es ist eine ganze Familie, die für dein ganzheitliches Wohlbefinden überaus wichtig ist!

Die Innere Familie sind Energiefelder in deiner Seele, die du in dir trägst.
Sie bildet die drei Grundströme von **männlich**, **weiblich** und **kindlich** in dir.

- Die treibende Kraft des Lebens —> zeigt sich in unserem Inneren Kind.

- Die strukturierende Kraft —> zeigt sich im Inneren Mann.

- Die fühlende, empfindsame Kraft —> zeigt sich in der Inneren Frau.

Die Innere Familie entspricht Energiefeldern in deiner Seele, die für dein gesamtes Wohlbefinden überaus wichtig sind! Du trägst sie in dir.
Meist bekommt gerade dieses familiäre Energiefeld viel zu wenig Aufmerksamkeit, denn im Alltag wird sehr oft noch der Verstand über das Wohlergehen deiner Seele gestellt.

Dieses besagte Energiefeld also, dies ist ein energetischer Raum, der in jedem von uns ist. Es ist ein innerer, zentraler Ort, der unsere Kraftquellen in sich trägt, die wir für ein erfülltes Leben brauchen. Die Hüter dieser Kraftzentren nennen sich
unsere >Innere Familie<.

Im 5. Meilenstein geht es darum, wie du in deine innere Welt so intensiv eintauchen kannst, um dort deiner Inneren Familie zu begegnen. In diesem Buch (zu den Meilensteinen 1 - 5) geht es vordergründig um deine Innere Frau, die Heilkraft, um Mitgefühl, die Weisheit, deine weibliche Schöpferkraft. Und viele weitere Qualitäten können hier zum Erblühen kommen, damit du sie im Außen leben kannst. Dadurch kommst du letztendlich immer mehr bei dir selbst an und erlangst das Selbstvertrauen, voller Kreativität, Sinnlichkeit und Hingabe, deinen eigenen, authentischen Weg zu gehen. Ganz gleich, ob du dir einen Traum realisieren, eine tiefe Wunde einer Seelenverletzung heilen oder du dich einfach entspannen und dich selbst tiefer spüren willst - in dem Raum deiner Inneren Frau findest du die richtige Energie dazu.

So nenne ich dir nun zu Beginn die Energiequalitäten aller drei Bereiche - also der ganzen Familie - in ihrer geheilten Form:

Die Energie der (geheilten) INNEREN FRAU ist

- Weichheit
- Sanftmut
- Schönheit
- Inspiration
- Fördert die Fähigkeiten

Die Energie des (geheilten) INNEREN MANNES ist

- Kraft
- Stärke
- Verantwortung übernehmen
- Ausdauer

Die Energie des (geheilten) INNEREN KINDES ist

- Frohmut
- Freude
- Gelassenheit
- Vertrauen
- Weisheit
- Intuition

Jetzt ist die Zeit der HEILUNG gekommen!

Diese drei Energien - dein Inneres Kind, deine Innere Frau und dein Innerer Mann - haben eine tiefe Bedeutung.

So wird deine **INNERE FRAU** dich erinnern an deine Weiblichkeit... Sie steht und erinnert dich an deine Schönheit und das Begehren, welches mit Lebensfreude verbunden ist.
Sieh sie dir an.

- Wie sieht sie aus?
- Was macht sie?
- Wie fühlt sie sich an?
- Fühlt sie sich einsam?
- Ist sie alleine?
- Hast du sie vielleicht vernachlässigt?

Gehe zu ihr und frage sie, wie es ihr geht und ob sie etwas braucht von dir, ob du ihr etwas geben kannst und was sie sich von dir wünscht. Sag ihr, dass du dein Bestes geben wirst, um ihre Wünsche zu erfüllen, dass du sie besuchen wirst, um sie aus ihrer Einsamkeit zu befreien... (oder was auch immer sie zu dir gesagt hat). Umarme sie ganz tief und inniglich.

Hilf ihr ... werde dir ihrer - und somit DEINER - Schönheit, deiner Weichheit, deiner Sanftheit bewusst, lebe deine Begehrlichkeiten aus.

Dein **INNERER MANN** steht für Verantwortung und trägt die Lasten deiner Vergangenheit. Diesen Part übernimmt nun deine Heldin für dich und in einem Helden*Schritt wirst du mit ihm - der männlichen Energie in dir - ebenfalls Kontakt aufnehmen.

Du hilf ihm zur Ruhe zu kommen, Auszeiten für dich selbst und für erholsamen Schlaf zu sorgen.

Dein **INNERES KIND** ist voller Weisheit. Es seht für deine Intuition. Sehr viele Erinnerungen hat dein Inneres Kind gespeichert (nicht nur aus dieser Inkarnation).

Dieses Kind ist so weise, du kannst viel von ihm lernen, wenn du auf es hörst.

Sag ihm, dass du es besuchen wirst, so oft es dir möglich ist. Frage es um Rat.... folge deiner Intuition... vertraue darauf, dass dies richtig und gut für dich ist.

Ich habe meinem Inneren Kind einen Namen gegeben, nenne es liebevoll >TAMEH<. Sehr vieles ist hier möglich - trau dich und folge einfach deinem Herzen...

Auf der großen Heldenreise mit 36 Schritten, geht es um die ganze Familie. Auch um deinen Inneren Mann und dein Inneres Kind. In den 12 Meilensteinen begegnet dir dein Inneres Kind ebenfalls, der dortige Helden*Schritt ist ein Vergebungsritual.

Dies ist ein wichtiger Prozess. Hier kannst du sehr viel tun für dich selbst und du wirst sehen, dass es dir sehr viel besser geht und es wirklich wichtig ist, deine Innere Familie in Harmonie zu bringen. Mein Leben lehrte mich, dass dies auch Auswirkungen auf deine äußere Familie hat - (wie innen so auch außen).

Das Geheimnis einer erfüllten Partnerschaft

Warum ist dieser Prozess - die Innere Familie in Harmonie zu bringen - so wichtig?
Weil sich oft in unserem Leben noch Dinge zeigen, die uns wichtige Hinweise auf eine Disbalance und Disharmonie in uns selbst geben und auf HEILUNG aufmerksam machen.
Diese können sich folgendermaßen zeigen:
PROBLEME treten auf.

Schauen wir uns die einzelnen Energiefelder an, die geheilt sein müssen, um als Einheit in einer erfüllenden Verbindung zu wirken.

Das Innere Kind

Dein Inneres Kind taucht oft auf und ermöglicht dir den Kontakt mit unbewussten, oft vergrabenen Kindheitserlebnissen oder kindlichen Verletzungen. Auch sie wollen gesehen, emotional verarbeitet und los- bzw. FREI gelassen werden.
Die meisten Menschen haben kaum Kontakt zu ihrem Inneren Kind oder die Verbindung sogar ganz getrennt. Denn mit dem Inneren Kind kommen auch oft Gefühle wie Schmerz, Wut oder Trauer ans Licht, die nicht gefühlt werden wollen. Doch damit werden die Probleme nicht gelöst, sondern verdrängt und sie bleiben in der Energie des Menschen blockiert.

Dein Partner oder deine Mitmenschen um dich herum, zeigen sie dir auf - diese Themen und Verletzungen. Sie können gar nicht anders, es ist ein universelles Gesetz. Alles darf nun an die Oberfläche kommen, damit DU wieder ganz und heil sein kannst.

Probleme, die nicht gelöst, sondern verdrängt werden, bleiben in der Energie des Menschen stecken. Dein Partner/ deine Partnerin (als dein Spiegel - mit tiefer Seelenverbindung und *Wachstum* als Partnerziel) kann in dem Fall nicht anders, als dir Themen wie z.B. Ablehnung, Zurückweisung, Verlust, Respektlosigkeit oder Lieblosigkeit zu spiegeln, wenn dein Inneres Kind diese erfahren hat. Der Spiegel will dich in dem Fall nicht verletzen, sondern dir nur zeigen, was in dir noch immer nicht geheilt ist und was dein Inneres Kind noch immer über sich selbst glaubt:
Es glaubt, dass es Liebe, so wie es ist, nicht verdient hat... dass es nicht o.k. und nicht genug ist, so, wie es ist.

Um dein Inneres Kind zu heilen, braucht es deine Zeit, deine Liebe, deine Aufmerksamkeit und deine Zuwendung. Jetzt bist du selbst der oder die Erwachsene, der diesem Kind all diese Liebe geben kann, die dir einst vielleicht gefehlt und die du womöglich vermisst hast. Nun kannst du dir diese selbst geben. Denn diese Liebe heilt dein Inneres Kind und ist die Basis einer gesunden Selbstliebe.
Ohne die Selbstliebe wird sich in deinem Liebesleben - ab einem gewissen Zeitpunkt - nichts mehr bewegen. Lehnst du dein Inneres Kind ab, wird dich dein Partner/ deine Partnerin ablehnen. Er

oder sie wird dich ablehnen, weil DU DICH - dein Inneres Kind in dir - ablehnst.
Es ist ein Teil von dir.
Nimm dir Zeit, dein Inneres Kind zu besuchen, es zu fühlen, zu sprechen und auch spielen zu lassen.

Dann geht es weiter in der (Liebes) Beziehung deiner Inneren Frau und deines Inneren Mannes.

Die Innere Frau

Deine Innere Frau in dir ist die weibliche Energie, das Yin und die Beziehung, die du zu dir selbst hast. Sie ist geprägt von deinem Frauenbild, das du durch deine Mutter oder andere Frauen aus deinem näheren Umfeld (mit denen du aufgewachsen bist) hast. Von jenen, denen du seit deiner Kindheit umgeben bist, denen du begegnet bist, oder auch dem Rollenbilder, das unsere Gesellschaft dir vermittelt hat.

Der Innere Mann

Dein Innerer Mann in dir ist die männliche Energie, das Yang und auch deine Beziehung zu ihm. Diese Energie ist geprägt von deinem Vater oder allen Männern, denen du begegnet bist.
Fast bei allen Menschen sind diese beiden Energien in Disharmonie. Du kennst sicherlich Frauen, die eher männlich wirken oder Männer, die sehr weibliche Züge haben. Wenn man näher hinschaut, erkennt man auch bald die Gründe dafür.
Nehmen wir den Vater. Wenn ein Vater - die männliche Leitfigur der Familie - die Familie verlassen hat oder nicht für die Familie da war, er ein Tyrann oder ein hilfsbedürftiger Vater war, dann könnte das - als Beispiel - bei dir zu einem schwachen, unerreichbaren Männerbild führen.

Eine schwache Mutter (die dem Vater nicht standhielt oder sich unterdrücken hat lassen) könnte uns - zum Beispiel - ein negatives Bild zur Weiblichkeit hinterlassen usw.

Das Problem bei diesen ungesund geprägten Bildern zu Mann und Frau in uns ist, dass WIR sie in unsere Beziehungen hineintragen und dadurch natürlich genauso unausgeglichene Partner anziehen, wie wir es eben selbst sind.
Eine Frau mit einer starken männlichen Seite - z.B. - könnte sich einen Mann mit einer starken weiblichen Seite (zum Ausgleich) anziehen. ... usw.
Wenn man dieses Bild einmal vor Augen hat und weiß, dass das Ziel ist, diese beiden Energien im Verhältnis 50:50 in uns zu tragen, kann der Prozess unserer Inneren Frau und unserem Inneren Mann in uns zu harmonisieren starten.

BALANCE ist angesagt!

Doch wie sieht das harmonische Bild der beiden Energien nun in der Praxis aus, wenn wir bis jetzt fast nur dem disharmonischen Bild in unserem Umfeld und der Gesellschaft begegnet sind?

Die Innere Frau steht für deine Kreativität, deine Weichheit, deine Gefühle, deine Intuition, deine Hingabe, deine Lebensfreude, deine Sinnlichkeit. Sie soll im Herzen strahlen und fühlen dürfen. Sie ist rein und hat eine magnetische Anziehungskraft wie eine blühende Blume auf Bienen. Sie ist der Herzmagnet, der den Mann anzieht und nährt, ihm mit Wärme und Liebe überschüttet, ein Heim gibt und ihn stärkt, damit er da draußen seine Aufgaben erledigen kann.

Der Innere Mann steht für deine Tatkraft, deine Klarheit, dein physisches Handeln, deine Durchsetzungskraft, deine Zielorientierung und deine Standhaftigkeit. Er ist stark und stolz, seine Rolle zu kennen. Er schützt die Frau, seine Königin und kennt seine Rolle und die Wichtigkeit dieser. Er vertraut der Frau und darauf, dass sie das Fühlen, die emotionale Seite lebt und bewältigt.

Ohne die männliche Energie ist die weibliche Energie in der physischen Welt hilflos.

Die Kraft des Weiblichen kann sich ohne das Männliche - das Aktive - nicht in dieser Welt entfalten.

Wenn beide ihre Position kennen und dem anderen Teil vertrauen, entsteht eine harmonische Beziehung im Inneren und diese wird sich auch in deinem Äußeren spiegeln. Ganz gleich, in welcher Beziehung das sein wird. Ob in der Liebe, der Arbeitswelt, deiner Familie, bei Freunden... du wirst mehr Harmonie erfahren… (und somit deinen Platz im 6. Entwicklungslevel deiner Persönlichkeit einnehmen:)

Das Phänomen einer >Heldin<

Ein kurzer Ausflug in die Welt der Archetypen

C. G. Jung hat in seinen Mythos-Studien festgestellt, dass sich durch die Mythen und Menschheitsgeschichte hindurch, immer wieder Zeiten und Ereignisse wiederholen und bestimmte Muster in diesen dort einsigniert sind.

Archetypen sind Energiemuster, in denen wir uns bewegen.

Es gibt Hunderte davon.

In einer von diesen ist deine Lebensreise als Mensch mit allen Herausforderungen programmiert. In den meisten Fällen meiner Helden liegt ihre Bestimmung beim König/Königin (Herrscher/Herrscherin) oder dem edlen Tafelritter... Die Grundtypen ihres Wesens sind die des Priesters/Priesterin - Heilers/Heilerin - Magier/Magierin.

Der Held und die Heldin ist der dazwischenliegende Archetyp, der die Veränderung bringt und die Herausforderungen meistert. Also brauchen wir den Helden oder die Heldin in uns, um unsere Bestimmung (z.B. der des Königs/der Königin) zu leben.

Die Heldenreise steht in Resonanz mit unserer Psyche, der Archetyp des Helden wird dann in dir wach, wenn es um deine SEELEN*BESTIMMUNG geht.

Dein SEELEN*PLAN will gelebt werden!
Tust du dies nicht, gestaltet sich dein Leben ziemlich schwer. Die Herausforderungen sind immer deinem SEELEN*WEG angepasst. Dein Leben formt sich dort herum.

Der Held oder die Heldin muss in dir aufstehen, um etwas in deinem Leben zu verändern.

Worum geht es?
In erster Linie geht es um dein Leben.... um dein erfülltes, glückliches Leben!
Doch wie kommst du dort hin? Was brauchst du, um ein erfülltes Leben führen zu können? Was macht dich glücklich? Was lässt dein Herz hüpfen? Was hält dich zurück? Was ist es, das dich ängstigt oder dich nicht weitergehen lässt? Wo stehst du denn gerade? Und wo genau willst du hin?
Fragen über Fragen... die jedoch auch wirklich wichtig sind, damit du Klarheit darüber bekommst, was du in deinem Leben erleben willst. Hast du diese Klarheit nicht, dann verläuft dein Leben so, wie es halt so läuft. Viele Leben werden noch von außen gesteuert, indem andere ihnen sagen, wo sie hin sollen, wie sie was machen und was richtig und was falsch (für sie) ist. Diese Menschen bestimmen über das Leben anderer.

Gibt es solche Menschen auch noch in deinem Leben?
Gehörst du auch noch zu jenen, die sich von außen, durch andere Menschen bestimmen lassen, oder bist du bereits selbstbestimmt und frei?

Wenn du noch nicht diese Selbstbestimmung und Freiheit lebst, ist das hier das richtige Buch für dich. Doch auch wenn du schon mittendrin, auf deiner Reise zu dir selbst bist, du jedoch mehr Klarheit oder auch Reisetipps oder weitere Reiseziele für dich erhalten magst – vielleicht auch wie du besser durch die anstrengende Transformationsphase kommen kannst – dann bist du hier ebenfalls richtig. Denn in diesem Kapitel gebe ich dir die Schlüsselfragen eines Helden*Plans mit an die Hand.

Warum braucht es einen (Helden)*Plan?
Weil wir es – gerade in dieser Veränderungsphase – mit einem guten Plan weitaus leichter haben!

Und warum Helden?
Weil ich finde, dass wir ALLE Heldinnen und Helden sind, die sich in dieser anspruchsvollen Zeit voller Veränderungen und Herausforderungen für ein Leben auf diesem Planeten – in diesen turbulenten Zeiten der höchsten Transformation – entschieden haben.

Und weil sich gerne alle Menschen mit Helden und Heldinnen identifizieren und unser Leben einfach auch Spaß machen darf, wird aus unserer Welt – schwuppdiwupp- ein Abenteuerland.

Unser Leben steckt voller Abenteuer

Unser Leben besteht aus Phasen. Es gibt die, die Spaß und Freude machen und es gibt die, die voller Herausforderungen und mit Stress beladen sind.

In diesem Kapitel möchte ich dich – als Heldin – mitnehmen, wenn du dich auf deinem spirituellen Weg befindest und doch immer wieder ins Stocken und Stolpern gerätst, womöglich an dir selbst zweifelst und dann auch noch meinst, nicht gut genug gewesen zu sein.

Mein Ziel ist es, dich ins Abenteuerland mitzunehmen, damit du

* Dich etwas öfters traust, mehr Abenteuerluft in deinem Leben zu schnuppern
oder
* Du an Mut gewinnst, dich auf (d)einen ganz eigenen, dir vielleicht noch völlig unbekannten, Weg zu machen, um ein ganz neues Abenteuer zu erleben.

Und falls du bereits auf deinem Meisterschaftsweg bist, dann gebe ich dir auf deiner Heldenreise wertvolle Tipps, wie es für dich leichter gehen kann.
Doch bevor wir zum eigentlichen Teil des Kapitels kommen, das mit deinem Helden*Plan zu tun hat, mag ich gerne noch weiter eingehen auf die Heldin, die in jeder von uns wohnt.

Die Eigenschaften einer Heldin

Was genau ist eine Heldin?

Eine Heldin ist eine Abenteuerin. Einige sehen sich auch als eine Art Piratin, eine Freibeuterin, die nach Freiheit und Selbstbestimmung ruft. Sie ist zum Aufbruch bereit und will Spaß am Leben haben. Es reizt sie, das Unbekannte zu ergründen.
Zielgerichtet und voller Risikobereitschaft tritt sie auf, um Ruhm und Belohnung zu ernten. Sie hat Freude am Leben und ist hierfür

bereit, ALLES zu geben. Sie nimmt sich das, was sie will. Siegessicher und selbstbewusst tritt sie auf. Eine Heldin spielt auf ihrer Lebensbühne immer eine tragende Rolle. Selbst dann, wenn sie in ihrem Leben nie etwas wirklich Großartiges vollbringt. Doch das Gefühl ist in ihr. Dieses tragende Gefühl, dass sie die absolute Freiheit in sich trägt und das Wissen darum, dass sie nichts und niemand aufhalten kann. Was sie will, das nimmt sie sich. Sie bestimmt selbst – mutig schreitet sie voran. Egal was sich ihr in den Weg stellt, aufhalten lässt sie sich nicht. Vielleicht macht sie mal eine Pause – ja. Doch diese dient nur zum Energietanken. Dann geht es für sie weiter. Unaufhaltsam schreitet sie weiter. Immer weiter und weiter, bis sie an ihrem Ziel angelangt ist.

Eine tragende Rolle ist es deshalb, weil sie – wie alle großen Helden im Märchen, Mythen und Filmen – große Herausforderungen zu bestehen haben. Jammern gibt es für sie nicht. Es gibt laufend irgendwelche Prüfungen zu bestehen, wie im wahren Leben halt. Sich an Herausforderungen messen liegt nicht jedem, doch das muss auch nicht unbedingt sein. Denn Heldinnen sind schließlich Frauen und keine Männer. Heldinnen verlieben sich in Prinzen, den Königssohn und manchmal auch in den König selbst. Je nachdem, was sie sonst noch alles in ihrem Lebensplan stehen hat. Eine Belohnung gibt es IMMER für die Heldin – denn Mut wird garantiert belohnt, so lautet das kosmische Gesetz! Manchmal ist es die Belohnung in Form von Aufmerksamkeit, von Anerkennung, von Geld … oder auch von Liebe, die in Hülle und Fülle (je nach Bewusstseinsstand) für sie bereit steht.

Heldinnen und Helden sind wir also alle. Doch auch wenn es hierzu verschiedene Meinungen gibt, meine ich, dass unsere meisten und größten Heldentaten nicht in der Abwehr von äußeren Gefahren besteht. Es sind vielmehr die inneren Prozesse, mit denen wir tagtäglich zu tun haben. Die Abenteuer und Reise der Seele, bei denen du selbst im Mittelpunkt stehst… wenn du Risiken eingehst, um dich selbst zu erkennen.

Die **Selbsterkenntnis** ist eine der anspruchsvollsten Lebens*Reise*Route!

Selbsterkenntnis
Dieser Lebensaufgabe stellen sich nur die wirklich großen und weisen Seelen. Sich selbst erkennen... sich wirklich erkennen, meine ich, in seiner gesamten, wahren Größe, Macht und Stärke. Zu erkennen, dass du viel mehr bist, als nur Mensch. Dich in deiner Göttlichkeit erkennen. Das ist tiefste Spiritualität, was nichts mit verdrehter Esoterik zu tun hat, oder mit sonst einer dieser Schubladen, in die spirituelle Menschen gerne gesteckt werden. Selbsterkenntnis gibt dir die Erkenntnis über deine Stärken und Schwächen, die du - durch die Heldenreise - gewinnen kannst. Auf der Heldenreise zur Selbsterkenntnis geht es um dein Potenzial, deine Fähigkeiten, deine Stärken und Schwachstellen. Jaa... auch deine Schwächen machen dich aus! Genau genommen liegt hier dein größtes Potenzial, doch hierauf tiefer einzusteigen, würde das ganze Buch füllen. Diese Schwäche anzunehmen - als ebenso wichtiger Teil von dir - macht dich zur Heldin. In diesem Sinne bist du jene, die ihre innere Zweiflerin "besiegt", ebenso sehr Heldin wie jemand, der die ganze Welt zu retten vermag.

Zum Wesen der Heldin
... und Abenteuerin gehört, dass sie aus der Menge heraustritt. Sie stellt sich heraus, aus dem Kollektiv, aus der Masse, wenn sie anderer Meinung ist oder wenn sie für etwas einsteht. Sie fühlt ihre Wahrheit. Schon das Heraustreten aus einer Gruppe, kostet unglaublich viel Mut. Und Energie. Und gleichzeitig schenkt es ihr sehr viel neue Kraft. Doch bevor das geschieht, wird die Heldin mit dem Gefühl konfrontiert, ALLEINE ZU SEIN. Ein wirklich blödes Gefühl, das kann ich dir sagen. Zeit meines Lebens hab ich dieses Gefühl in mir. Und weißt du was: Die Erkenntnis, dass das in Wirklichkeit gar nicht stimmt, ist wie ein Erwachen in einer anderen Dimension.
Doch bleiben wir erst noch bei diesem Gefühl des: „Herr, warum hast du mich verlassen". Von ALLEM fühlst du dich getrennt. Alleine gelassen. Einsam.

Völlig alleine

Warum das so ist, will ich dir heute verraten.
In diesem Moment, wenn du dich aus einer Gruppe herausstellst, verlierst du den Schutz, den Schutz der Gruppe. Das kann die Familie sein oder auch sonst eine Gemeinschaft. Und da diese Gruppe, aus der du heraus trittst, dir eine Art Sicherheit bietet, verlierst du in dem Moment dieses sichere Gefühl. Diesen Schutz, den dir die Familie oder die Gruppe bisher geboten hat. Wie schutzlos - manchmal auch ausgeliefert - fühlst du dich, wenn der Schutzmantel, der vielleicht auch gemütlich und warm war, weg ist. Das kann sich dann schon wie nackt sein, wie alleine, verlassen, kalt und leer anfühlen. Ab jetzt musst du mit den Gefahren und Risiken der Welt alleine klar kommen. Das gilt übrigens für alle, die sich alleine auf einen Weg machen, sei es die Heldin oder auch der Held. Ein sich herausnehmen aus der Gruppe bedeutet: Eigenständig... Selbstständig... Selbst verantwortlich... Erschwerend kommt dazu, dass die Gruppe deinen Alleingang nur selten begrüßt und für gut befindet. Denn deinen eigenen Weg gehen zu wollen, verletzt die Normen und Traditionen, indem du dich von ihnen löst. Sie verstehen auch nicht, warum du jetzt plötzlich unzufrieden mit deinem Leben bist und etwas verändern willst. Ihre eigenen Themen treten dadurch auch nach oben, an die Oberfläche. Warum du plötzlich als eigenständiges Individuum agieren und leben willst, ist für sie meist völlig unverständlich. So sind sie - der Clan, die Gruppe, die Familie - oft gekränkt und nehmen deine Entscheidung sehr persönlich. Mit allen Mitteln versuchen sie, dich umzustimmen oder gar, ihrer Ansicht nach, wieder zur Vernunft zu bringen. Wobei hier ein ganz natürliches Bedürfnis in ihnen aufsteigt, ihren inneren Zusammenhalt (der Gruppe) stärken zu wollen, indem sie enger zusammenrücken. Denn dein leerer Platz hinterlässt ja eine Lücke, den sie irgendwie ausgleichen wollen.
Da es oft an Bewusstsein und auch Verständnis, sowie an Kommunikation fehlt, ist das dann so, als würde die Heldin (bzw. der Held) ausgegrenzt.

Durch die Hölle

... ging ich damals, als ich mich auf meinen eigenen (Seelen & Herzens)Weg machte. Mein ganzes Leben flog mir regelrecht um die Ohren. Eine tiefe Wunde riss es in mein Herz, denn mir war

damals keineswegs bewusst, was hier abgeht und warum sich „der Clan/die Familie“ so verhält.
Für mich war es das schrecklichste und schmerzhafteste Gefühl, das ich je erlebt hatte. Mit einem Schlag:
Heimatlos. Ausgegrenzt. Ins Exil verbannt. Ein Gefühl von verstoßen sein, nicht mehr gemocht und geliebt werden. Ein überaus scheußlich tiefer und schrecklicher Trennungs-Schmerz trat als furchterregendes Ungeheuer in mein Leben und erschütterte meine Welt. Mir war damals überhaupt nicht bewusst, dass ICH - in der Familie - einen leeren Platz hinterließ.

Dass zu dieser Zeit gleichzeitig mein Vater ganz plötzlich verstarb und dazu hin auch noch ich meinen Platz im Clan veränderte, war mir damals nicht klar.

Ich wollte eine Veränderung - ja! Doch die Auswirkungen, die es dadurch in der Familie gab, wollte ich gewiss nicht - auf gar keinen Fall!

* Ich wollte lediglich selbst über mein Leben bestimmen.
* Ich wollte mein eigenes Leben leben und nicht mehr nur funktionieren.
* Ich wollte glücklich sein.
* … und meine eigene Familie gründen, war mein sehnlichster Wunsch.

Deshalb entschied ich mich - für mich! Keineswegs wollte ich meinen Platz im Clan/Familie aufgeben, ich wollte ihn lediglich so gestalten, wie es MIR entsprach. Ich hätte selbstverständlich für beide „Familienzweige“ gesorgt, doch das wiederum wollte der Clan nicht, womit die Odyssee begann.

Und hätte ich damals schon gewusst, was ich heute weiß, wäre ich „anders“ aufgetreten. Ich hätte „anders“ kommuniziert, „anders“ agiert.
Doch … hätte, hätte Fahrradkette: D
Heute weiß ich, dass genau DAS mein Lern- und Reifeprozess war! Meine Meisterprüfung sozusagen :)

Wenn ich also von der Heldenreise schreibe, dann deshalb, weil ich sie aus dem FF - bis ins kleinste Detail - erlebt, gefühlt und

durchlitten habe. Ich kenne den Preis, die Tücken, sowie auch das großartige Geschenk, das für jeden von uns bereit steht, wenn er SEINEM INNEREN (SEELEN)RUF folgt! Es lohnt sich! Immer! Garantiert!
Doch darf deine Heldenreise auch viel einfacher verlaufen. Deshalb bin ich Couch, Mentorin und Helden*Schmiedin geworden und schreibe meine Heldenratgeber, die dir deinen Weg - deine Reise zum erfüllten Leben - angenehmer, schneller und leichter machen sollen.

Und heute weiß ich auch:

Ausgrenzung

... ist ein ganz „natürlicher" Vorgang, der durch das Zusammenrücken des Clans ausgelöst wird, weil dein Platz leer geworden ist. Erst in einer höheren Bewusstseinsstufe gibt es im Clan einen sogenannten „Platzhalter", der den Platz für dich frei hält. Er oder sie überbrückt dann so lange, bis du wieder zu Hause angekommen bist.
Wenn du allerdings die Aufgabe hast, einen ganz neuen Clan - mit anderen Werten - zu gründen, dann gibt es in deiner Herkunftsfamilie auf keinen Fall einen Platzhalter. Denn in dem Fall sollst du ja ganz NEU beginnen, mit einem neuen Stammbaum. Ich weiß nicht, ob das bei vielen von euch zutrifft, deshalb gehe ich jetzt auch nicht so konkret darauf ein und bleibe beim Gefühl der Heldin, die sich nicht nur ausgegrenzt fühlt, sondern oft auch ausgegrenzt wird.

Meistens ist es dann nämlich so, dass jetzt die Heldin mit ihrem schlechten Gewissen leben und zurechtkommen muss. Sie fühlt sich schuldig, wobei es nichts gibt, dessen sie sich schuldig fühlen müsste. Dennoch gibt es diese Schuldgefühle, die sich sehr mächtig ausbreiten können. Mit einem ganz komischen Gefühl wird sie konfrontiert oder von Selbstzweifel geplagt.

Meine tägliche Arbeit als Mentorin für Helden auf ihrer Lebensreise zeigt mir, dass es keine Seltenheit ist, dass sich die Heldin (sowie der Held) nun mit Ablehnung und Wut der anderen auseinander setzen muss. Von allen meinen Mentees gibt es gerade mal

Eine, der man viel Glück und alles Gute für ihre Erfahrungsreise gewünscht hatte. Alle anderen wurden regelrecht verstoßen und aus der Familie oder der Gruppe gedrängt, teils sogar unter sehr bösen Beschimpfungen und Unterstellungen. Die allermeisten sind überhaupt nicht wahr, dennoch wurden sie ausgesprochen und (für den Clan) zur absoluten Wahrheit erklärt. Die Reaktion des Clans ist also oft mit Vorwürfen, düsteren Prognosen und mangelndem Vertrauen behaftet. Selbst dann, wenn die Heldin (der Held) in ihrem Namen loszieht.

Spätestens jetzt kriecht die Angst aus allen Schichten und Poren hervor. Du wirst mit deinen Ängsten regelrecht konfrontiert. Du fragst dich, wie du ohne die Unterstützung der anderen überleben sollst? Wer wird dir zur Seite stehen, wenn es hart auf hart kommt? Das ist übrigens meist der Zeitpunkt, an dem die Helden mich als Mentorin aufsuchen. Denn es rüttelt heftig an ihren Grundsäulen. Oft will sie jetzt am liebsten wieder zurück in die gewohnte Gemeinschaft. Sie weiß, dass sie eine Grenze überschritten hat, doch die Zweifel kommen - spätestens jetzt - so richtig krass zum Vorschein.
Sie stellt sich die Frage, ob es wirklich der richtige Weg ist? Ist es all den Ärger wert? Ist das nicht genug an Abenteuer und Veränderung, gibt es da tatsächlich noch mehr für sie? Oder rennt sie einem Hirngespinst nach, was nur in ihrer Fantasie existiert? In diesem Moment entscheidet sich, ob dein Selbstbewusstsein diesen Herausforderungen bereits gewachsen ist. Ist es zu schwach, brichst du zusammen und kehrst reumütig zurück, in den Schoß der Familie, in die Gemeinschaft, den Clan, die Gruppe. Die einst mutige und furchtlose Löwin ergibt sich, sie legt die Rolle der Heldin ab.

Zweifel gehören mit dazu
(bringen dich jedoch keinen cm weiter :)

Wenn es jetzt für dich weitergehen soll, braucht es eine Entscheidung. Hierzu rate ich dir eindringlich, denn JETZT erst beginnt die eigentliche Wandlung (und ohne Wandlung gibt`s kein neues - verändertes - Leben :)

Eine Entscheidung steht an

Jetzt gehen wir mal davon aus, dass du dich entscheidest, deinen Weg - deine Heldenreise - fortzusetzen. Durch Aus- und Abgrenzung lernst du nun dein individuelles Potenzial kennen. Abgrenzung fällt so vielen von uns schwer, doch sie ist sehr wichtig. Jede Abgrenzung führt letztendlich zu einem Aufbruch und jeder Aufbruch - sei es ein Umzug, eine Trennung, eine Reise, eine Kündigung, ein Dranbleiben, ein Durchbeißen oder einfach, dass du deine eigene Meinung (Wünsche, Träume, Visionen) vertrittst, all das setzt heldenhafte Gefühle frei und stärkt dein Selbstbewusstsein. Wobei wir hier nicht einmal Übermenschliches leisten müssen.

Jede Heldin hat Schwächen

Jede Heldin ist verletzlich - ja klar. Denn damit ist sie auch menschlich und dies macht sie sympathisch. Eine Frau, die unverwundbar ist, bräuchte keinen Mut, sie muss auch nicht über sich selbst und ihre Ängste hinauswachsen. Und somit wäre sie auch keine Heldin. Denn genau das ist ein typisches Merkmal einer Heldin. Helden und Heldinnen wachsen ständig - sie wachsen über sich hinaus, in ihre wahre Größe hinein. Aneinander, miteinander - jede für sich und doch stets gemeinsam.

Neben klassischen Grundformen gibt es jedoch auch so viele Arten von Abenteuerinnen, wie es Frauen gibt - ebenso viele Helden, wie es Männertypen gibt. Jeder und Jede hat seine ganz eigene, unverwechselbare Art. Sie ist individuell, einzigartig und sticht aus der Menge heraus, vielleicht nicht gleich zu Anfang, doch im Laufe ihrer „Heldenkarriere" garantiert. Wer es übertreibt - was hin und wieder durchaus vorkommen kann - macht sich unter Umständen auch mal zur Närrin. Das gehört zum Risiko einer Heldenreise mit dazu ;) Wahre Heldinnen nehmen es als Teil ihrer Abenteuerreise in Kauf, zumindest als erfahrene Abenteurerin. Im Laufe ihrer Reifeprüfung wächst sie auch hier - in ihrem Selbstbewusstsein. Gereifte Helden lachen auch mal über sich selbst. Und mal ehrlich - genau das macht mit der Zeit auch richtig Spaß. Nämlich dann, wenn das Innere Kind geheilt ist und die Heldin ihre Anteile - ihr Inneres Kind, ihren Inneren Mann und ihre Innere Frau - in Balance hat. Diese innere Familie lebt in jedem von uns, sehr oft noch in sehr unausgewogenen Rollen. Doch auch das ist ein eigenes, großes Thema, das ein ganzes Buch füllen würde.

Archetyp Helfer

Was hat es auf sich mit dem Helfersyndrom?

Sich selbst besser kennen lernen ist ja das übergeordnete Thema der 12 Meilensteine, die dich über 12 Etappen immer tiefer zu dir selbst führen.

Dein Reiseziel bestimmst du im Vorfeld, bevor du dich auf den Weg deiner Heldenreise - also in die bewusste Veränderung deines Lebens - begibst.

Deiner Vorstellung und Wunsch entsprechend, lautet das Ziel bei dem Archetyp Helfer: „**Wertvoll helfen können**".

Auf meinem Weg -zu mir selbst,- war auch ich einst mit dem „Helfersyndrom" infiziert und hat mich lange Zeit geplagt. Bis ich das Thema DAHINTER entdeckte, es wandeln und schließlich auch heilen konnte.
Durch meine eigene Heilung ist es mir möglich, dieses „Syndrom" bei anderen Menschen sehr schnell zu erkennen.
Deshalb bemerke ich oft (z.B.) bei Lebensberater(innen) und Coaches, wenn sie aus einem Helfersyndrom heraus beraten oder arbeiten. Mit ihrer eigenen Entwicklung wachsen sie und erlösen diesen inneren Plagegeist.

Spontan fallen mir hier auch die Archetypen Priester*Innen und Heiler*Innen ein, die - wenn sie noch im Helfersyndrom gefangen sind - stets ALLES dafür geben, damit es den ANDEREN gut geht. In der Pflege oder allgemein in sozialen Berufsgruppen sind sie oft zu finden.
Sie geben und geben und geben... mit dem >Nehmen< haben sie jedoch oft ein großes Thema.
Und ja - sie vergessen dabei nur all zu gern sich selbst. Sie funktionieren gut - meist sogar SEHR GUT - und zerreißen sich förm-

lich in alle Richtungen. Doch egal, wie sehr sie sich auch anstrengen, es ist nie genug! Immer mehr und mehr fordert ihr Umfeld von ihnen, die anderen sind nie zufrieden zu stellen (egal wie sie es macht - es ist grundsätzlich falsch!). Dem Verzweifeln nahe, scheint ihnen nichts zu gelingen, denn garantiert einer ist immer unzufrieden mit ihnen (obwohl sie wirklich ALLES daransetzen, damit sie zufrieden sind).
Irgendwann stehen sie vor der Frage:
„Will denn eigentlich keiner (an)erkennen, was sie hier alles so selbstlos leistet?"
Doch trotz aller inneren Not sind ihnen alle anderen wichtig - oft viel, viel wichtiger als SIE SELBST... und genau dort liegt das Problem. Denn hier herrscht ein Ungleichgewicht zwischen Geben und Nehmen. Und wie bei jedem Ungleichgewicht geht ihnen hier garantiert irgendwann die Kraft aus. Burnout nennt man das in der Diagnostik, oder auch stressbedingte Depression, Traurigkeit, Erschöpfungszustände etc.pp.

Gerade jetzt, wo die Welt Kopf steht, ist es von größter Wichtigkeit, sich mit sich selbst zu beschäftigen. Sich selbst zu entdecken, wer man wirklich ist. Es ist eine Reise „zurück zum Ursprung", die dich wieder nach Hause bringt, in eine Welt voller Liebe, Gelassenheit und tiefen Frieden. Diese Welt ist nicht außerhalb von dir zu finden. Sie kann erst im Außen für dich entstehen, wenn du DICH SELBST im Inneren gefunden hast. Darum ist die Reise zu sich selbst die WICHTIGSTE Reise überhaupt!
Ganz gleich, mit wem du die Reise antrittst oder welches Reisegefährt du hierfür wählst. Nicht der Weg ist entscheidend, sondern dass du überhaupt losgehst!
Deine Absicht alleine entscheidet.

Um besser zu verstehen, weshalb dieses so ist, tauche ein in die 12 Stufen der Persönlichkeitsentwicklung. Das Grundgerüst mit Überblick der Spielfelder, findest du hier im Buch.

Selbstzweifel

Das Thema des Selbstzweifels ist noch ein wichtiger Aspekt, den es zu klären gibt.
Folgende Fragen werden recht häufig gestellt:

„Kann ich das überhaupt, anderen helfen ... und dafür auch noch Geld verlangen?“

Die Antwort ist eindeutig mit JA zu beantworten.
Hierzu gebe ich dir ein Beispiel:
Nehmen wir mal an, du bist in deiner persönlichen Entwicklungsstufe auf der Stufe 5 angekommen. Stufe 5 heißt, dass du bereits viel Wissen hast....(usw..)
Das bedeutet somit, dass du allen, die auf der Entwicklungsstufe der 1, 2, 3 und 4 stehen, helfen kannst. Auch einigen 5er Leuten kannst du ggf. noch Unterstützung bieten, denn die 5er Stufe ist sehr vielschichtig.

Für deine persönliche Weiterentwicklung bringt dir ein Coach jedoch nur etwas, wenn er - in diesem Bereich, den du lernen und dich weiterentwickeln möchtest - WEITER ist, als du... also MINDESTENS auf der 6. Ebene SICHER angekommen ist.

Das Thema Geld annehmen (dürfen) ist ebenfalls ein großes Thema für all die, die noch im „Helfersyndrom“ Modus stecken.

Mein wertvoller Tipp an dich:
Viel Geld und Zeit kannst du dir sparen, wenn du dir einen Coach und Lebensberaterin suchst, die bereits dort angekommen bist, wo du hinwillst.

Was ich jedoch in meiner Heldenpraxis oft bemerke ist, dass viele gar nicht wissen, was sie wollen. Sie merken, dass sie irgendwie nicht glücklich, lebensfroh oder gesund sind. Auch was sie nicht mehr wollen, wissen sie oft. Jedoch ein klares Ziel für ihr Leben, das haben die meisten nicht.
Genau das herauszufinden, ist der erste Schritt.

Warum das so wichtig ist?

***Na weil ein Leben ohne Ziel keine Erfüllung finden kann!**

(*Das betrifft übrigens das mittlere Spielfeld… Ich spreche hier hauptsächlich für die Lebenserfahrungen vom ersten bis zum siebten „Spielbereich/Erfahrungsebene/Level der Persönlichkeitsentwicklung"… Ab der Sieben aufwärts wird es richtig schön…und in der höheren Liga gelten dann auch nochmals etwas verfeinerte Spielregeln… Es lohnt sich also, immer weiterzugehen;)

Somit ist ein weiterer Tipp:
Triff eine Entscheidung!
Eine Entscheidung für dich!
Eine Entscheidung für dich und deine Gesundheit!
Eine Entscheidung für dich und dein Lebensglück!… usw.

Frage dich: Was will ich für mein Leben?

Was ebenso wichtig ist, ist
die Bereitschaft, dich selbst so zu akzeptieren, wie du eben bist!
Kein verbiegen mehr… kein „dem anderen Recht machen wollen"….
Du bist wertvoll, eben weil du so bist, wie du bist!
Mit all deinen Kanten, mit all deinen Macken.
Die kommen ja nicht von ungefähr. Alles gehört zu deinem Leben dazu. Das heißt aber nicht, dass du dich nicht mehr weiterentwickeln brauchst. Wenn dich selbst etwas daran stört oder du merkst, dass dein Leben dadurch schwer ist, dann triff (wieder) eine Entscheidung… die Entscheidung zur Veränderung. Die Entscheidung zur Trauma-Erlösung … usw.

Genau das ist die Grundlage dafür, Verantwortung für sich und sein Leben zu übernehmen. Ohne Wenn und Aber…
Wer noch keine Verantwortung für sich, sein Handeln, sein Leben, sein Denken, sein Fühlen usw. übernehmen kann, liest dieses Buch sowieso nicht. Der ist auch noch nicht bereit für eine Heldenreise. Denn hier geht's ja um deine Schöpferkraft und dein Bewusstsein, dass du - wenn du wirklich etwas willst - im Stande bist, Berge zu versetzen. Und das gelingt Menschen in der Bewusstseinebene und den Spielfeldern von 3, 4 und der 5 gewiss noch nicht. Die 5er sammeln das Wissen… und dann geht's mit

der 6 ins Fühlen… mit der 7 in den gefühlten Frieden und die Weisheit… ab Level 8 wird es nachhaltig und ab der 9 individuell.

Im Kapitel
>_Die Entwicklungs*Ebenen deiner Persönlichkeit_< erfährst du dazu mehr.

Auf der Bühne deines Lebens

Da die Heldin sehr vielseitig ist, ist sie in der Lage, viele Rollen einzunehmen. In unterschiedliche Gestalten kann sie hineinschlüpfen und diese sehr beeindruckend und lebensnah spielen. Das liegt daran, weil die Heldin in ihrem Leben schon sehr viel erlebt hat. Reich an Lebenserfahrung ist sie - in schönen und auch in weniger schönen. Manche waren sogar dramatisch, schmerzhaft, traurig und schräg. Doch letztlich gehört jede Erfahrung zu ihrer ganzheitlichen Reife dazu. Denn genau das waren die Herausforderungen, die sie aufs Finale trainiert und vorbereitet hat.

Als aktive Heldin bündelt sie alle Kräfte, sie fokussiert sich auf ihr Ziel und verfolgt es unerschütterlich bis sie am Ende angekommen ist. Egal wie - doch sie zieht es durch. Das ist ein typisches Merkmal von ihr. Raumeinnehmend, mit einem eisernen Willen, stetig in Bewegung - wenn nicht körperlich, dann auf jeden Fall geistig, - ihren Blick zielorientiert, signalisiert sie sich selbst und ihrer Umwelt, dass sie sich durch nichts und niemanden aufhalten lässt. Wehe dem, der sich ihr in den Weg stellt, der muss mit allem rechnen.

Nun gibt es die Aktiven und die weniger Aktiven, einige, die üben und einige, die bereits voll im Handeln sind.

Doch auch die „Antiheldin“ muss hier unbedingt noch erwähnt werden.

Die Schatten der Heldin

An dieser Stelle schiebe ich die Schatten der Heldin ein.
Das ist die Frau, die sich noch nicht traut, als wahre Heldin ihren Weg zu gehen oder ihren wahren Platz zu erobern. Du erkennst sie an folgenden Merkmalen:

Kampf, Realitätsverlust, Einsamkeit, Selbstüberschätzung, Gesetzlosigkeit, Unmoral, Egoismus, Meuterei, Gefahr, Überheblichkeit, Narzissmus, Ausgrenzung, Gefahr.

Alles Eigenschaften, die in die Übungs- und Vorbereitungszeit der Heldin gehören.

Oft stolpern diese Frauen - mehr oder weniger zufällig - in das Abenteuer hinein, durch Verkettungen und seltsame Ereignisse. Und tatsächlich ist es dann auch immer wieder so, dass diese Frauen unverhofft und auch unverdient zu Ruhm und Ehre gelangen. Dies einfach nur, weil sie so ist, wie sie ist.

Die Antiheldin
oder
Auch die Närrin ist eine Heldin

Naiv - unangepasst - verträumt - frech - frisch - fröhlich - frei. Ehrlichkeit ist hier auch oft ein Merkmal.
In ihrer reinsten Form ist sie eine gut gelaunte, unschuldige „Närrin“, die sich aus der Meinung von anderen recht wenig macht. Sie ist offen für Abenteuer in Leichtigkeit. Diese Oberflächlichkeit unterscheidet die Heldin mit Tiefgang.
Der „Abenteuer-Närrin“ ist vieles eher gleichgültig. Es macht ihr nichts aus, was andere von ihr denken. Genau deshalb erringt sie oft einen Sieg, den sie dann ausgelassen feiert. Auch von anderen wird sie oft verehrt.
Dieser leichtfüßigen, beschwingten Abenteurerin, die eher passiv ist, steht der Sinn weder nach Anstrengung, noch nach Kampf. Sie fliegt, schlendert oder groovt durch die Welt, sie liebt das Unverbindliche, lässt Dinge auf sich zukommen. Sie kann auch abwarten und Tee trinken, was der aktiven Heldin meist doch überaus schwer fällt. Aktive Heldinnen haben Hummeln im Hintern, sie wollen los, scharren mit den Hufen, sind kaum zu halten. Ganz anders also, als die passive Kollegin, die das Unverbindliche liebt und dem Zufall - das sie Schicksal nennt - eine Chance gibt.
Ihre Heldentaten bestehen im Wesentlichen darin, ihr „WAHRES ICH“ - ihr SELBST zu finden. Leben will sie es auch, ganz gleich, ob es anderen passt oder nicht. Das ist dann oft der Grund, weshalb sie aus Gruppen hinausgeworfen wird und eher selten von sich aus geht.
Nach dem Rausschmiss - was sie dann doch verletzt - hängt sie oft wieder eine Weile rum oder macht erst mal nicht weiter. Sie hält inne. Sie wartet auf ihre nächste Chance, denn im Gegensatz

zur aktiven Heldin, zählt sie zu den Traumtänzerinnen. Ihr Talent ist es, ein Händchen für glückliche Fügung zu haben.
Ähnlich wie die Antiheldin gerät sie immer wieder und ständig in Situationen, die sie weder gesucht und meist nicht mal gewollt hat. Kurzfristige Entscheidungen kann sie treffen und selbst, wenn sie bei ziemlich vielen Aufgaben augenscheinlich oft scheitert, hat sie am Ende doch Glück und kehrt erfolgreich, mit Lorbeerkranz heim.

Wenn die Närrin erwacht, wird sie zur Traumtänzerin.
Und genau hierzu wird es einen weiteren Reiseführer von mir geben, denn die Traumtänzerin sprüht vor Lebensfreude, sobald sie wieder in dir tanzen darf.

Die Schatten*Fängerin

Im Spiel des Lebens geht es letztendlich darum, dein Leben zur Meisterschaft zu bringen. Es geht um Vollendung und Erfüllung. Und dies ist ohne die Schattenfängerin oder den Schattenjäger nicht möglich. Hier liegt ein wichtiger Schlüssel, denn sich mit den eigenen Schattenseiten, - die auch Dämonen, Ungeheuer(liche) Schattenanteile oder Drachenwächter genannt werden, - auseinander zu setzen, ist ein unabdingbarer Schritt zur Ganzwerdung.

Wenn du also eine Meisterspielerin bist, gilt für dich folgendes: Was immer du fühlst, was immer sich in dir meldet und regt, unabhängig davon, ob du es magst oder nicht, heiße dieses Ereignis, diese Situation, diese Menschen und Stellvertreter deines Schattens, als „Sendeboten" willkommen. Erkenne, dass dieser Teil zu dir gehört und ein wichtiger Aspekt deines Wesens ist.

Worum es geht
Es geht um Integration, - Selbsterkenntnis, - Ganzwerdung, - Befreiung, - sich selbst so anzunehmen, wie man eben ist, - Selbstbestimmung, - Veränderung, - Vitalität, - sich auf sich selbst besinnen, - Transformation, - Wandlung, - inneren Frieden, - Heilung, - und um peinliche, hässliche und ungeliebte Anteile zu integrieren.

Unerlöste Schatten

Woran ich - als Mentorin - erkenne, dass Schatten unerlöst sind:

- Versteckspiele hinter Masken,
- dicke Mauern werden gebaut,
- Verdrängung und Verleumdung,
- Angst vor Ungeheuern, Monstern und Dämonen,
- sich ohnmächtig fühlen und blindlings auf den Abgrund zusteuern,
- Hass und Neid,
- Projektionen,
- Selbstmitleid,
- Scham und Peinlichkeiten,

- Unausgeglichenheit,
- Kontrollverlust,
- familiäre Verstrickungen,
- psychosomatische Beschwerden bis hin zur Depression und Burnout

Die Heldin in dir darf nun ein Bündnis mit der Schattenfängerin eingehen, denn im Zuge deiner Meisterschaft wirst du aufgefordert, ganz besonders ALLE Gefühle, Emotionen und Verhaltensweisen willkommen zu heißen, die DIR peinlich, befremdlich oder unheimlich sind. Sie sind dir deshalb unheimlich, weil sie nicht zu deinem Selbstbild und schon gar nicht zu deinem Wunsch- oder Idealbild passen, das du dir selbst und deiner Umwelt vorgaukelst. Das tust du natürlich nicht bewusst, doch im Unterbewussten läuft so einiges ab, was du dir nun bewusst werden darfst. All die ungeliebten und beschämenden Anteile, werden gerne verdrängt und überhört (das ist absolut menschlich - ich kenne keinen, der dies nicht macht!). Sie werden zu dämonischen Außenseitern erklärt und werden in den Schatten geschoben. Irgendwo im Abseits, in der Dunkelheit, im Nebel versteckt, müssen sie ihr Dasein fristen, weil du mit ihnen nichts mehr zu tun haben willst.
Das bleibt jedoch nicht ohne Folgen. Denn nur weil du diese Anteile nicht mehr siehst, sind sie ja nicht wirklich weg. Sie verwinden ja nicht einfach, sondern rotten sich zu Untergrundbewegungen zusammen. Aufgrund dieser inneren Unruhen aus dem Untergrund, entstehen „komische Gefühle". Es rumort in dir so lange, bis aus diesen komischen Gefühlen ganze Vulkanausbrüche, Wirbelstürme oder Tsunamis werden, insofern du ihnen nicht vorher schon deine Aufmerksamkeit schenkst. Das ist dann so, als versucht diese Untergrundbewegung sich beispielsweise durch psychosomatische Beschwerden, einer Depression, Kontrollverlusten jeglicher Art, die bis zum Absturz führen können (z.B. Drogen, Alkohol, Fressattacken, Kaufsucht etc.) in Erinnerung zu bringen. Wenn jemand nicht in der Lage ist, innerhalb seines Wesens gute und weniger gute, schwache und starke Anteile auszumachen, entstehen Persönlichkeitsstörungen.

Der erste Schritt

Als erster Schritt braucht es die Anerkennung dessen, dass wie immer aus BEIDEM bestehen, wie z.B. Licht und Schatten, hell und dunkel, stark und schwach, gut und böse... etc. Jeder Mensch hat konstruktive, also dem Leben zugewandte Ressourcen in sich, ebenso wie er destruktive Anteile hat, die sich vom Leben abwenden, bzw. dich nicht dein wahres, glückliches und erfülltes Leben leben lassen. Diese destruktiven Anteile, die ich Schatten nenne, sind oft erschreckend und verunsichern gerne - aber dennoch sind sie ein Teil von unserem menschlichen Wesen. Gerade diesen dunklen Seiten gegenüber ist Toleranz und Wertschätzung nicht leicht, sind doch unsere gesellschaftlichen Ideale von Wohlwollen, brav, belastbar, freundlich, Flexibilität und ständig guter Laune als „gut-Mensch" gefordert. Zu groß scheint die Gefahr, durch „sündige" und „böse" Gedanken und Regungen zu einem schlechten Menschen zu werden. Ganz schnell landet man in der Gesellschaft in einer Schublade, darum verleugnen wir diese Anteile lieber und vergraben sie im Keller und oft sogar in den tiefsten Katakomben.

Im Gegensatz zu Worten und Handlungen, für die wir gerade stehen müssen, unterliegen Gedanken, Gefühle und Regungen keinem moralischen Gebot. Stell dir mal vor: Nur weil sich ein Teil von deiner Kollegin voller Neid und Missgunst über dich, weil du eine erfolgreichere Kollegin bist, aufregt und sie dir „Schleimerei" unterstellt und eine Affäre mit deinem Chef vermutet, bedeutet das ja noch lange nicht, dass dieser missgünstige Teil in ihr die Handlung an sich reißen muss und sie dich öffentlich verleumdet und zu intrigieren beginnt.
Anders herum natürlich auch.
Vielleicht bist du neidisch darauf, dass der Mann deiner Nachbarin den ganzen Haushalt schmeißt, er gekocht hat und die Wäsche gebügelt im Schrank hängt, bis sie von ihrer Shoppingtour nach Hause kommt. Oder sie sich regelmäßig und mehrmals im Jahr einen Verwöhn-Urlaub mit Spa-Genießer-Voll-Programm gönnen, während du mit deinen 3 Kindern schauen musst, wie du gerade mal so über die Runden kommst. Das ist jetzt natürlich nur ein Beispiel, was keinesfalls auf dich zutreffen muss. Doch wenn so ein Neid-Teilchen sich in dir bemerkbar machen sollte, dann heißt dass, trotz deiner missgünstigen Gefühle, - noch lange

nicht, dass du deine Nachbarin deshalb an den Pranger stellst, du über sie lästerst und Intrigen gegen sie führst. Wenn doch, sollten wir mal miteinander sprechen (insofern du dein Leben leichter, schöner und erfüllter gestalten möchtest ;)

Zwischen inneren Dialogen und Regungen und der tatsächlichen Handlung besteht der große und wesentliche Unterschied. Bewusstsein ist hier der Schlüssel, der dich weiterbringt. Ohne zu werten und zu beurteilen, einfach ganz neutral nüchtern nur wahrnehmen, dass sich eine solche Gefühlsregung in dir zeigt, ist der erste Schritt. Bewusstes Annehmen, nenne ich diese Phase. Nur wer sich bewusst ist, was da in einem los ist, kann etwas verändern.

ANNEHMEN ist das Zauberwort!

Anstatt ungeliebte Anteile moralisch zu verdammen, sie zu unterdrücken und dafür zu sorgen, dass sie dadurch - im Untergrund - zu rebellischen Quertreibern mutieren, lohnt es sich, sie ernst zu nehmen. Höre deinen eigenen Gedanken zu und erforsche deine Emotionen, die da voller Gefühl an die Oberfläche kommen. Sie machen sich bemerkbar, um gesehen und erkannt zu werden.
Hinterfrage diese Emotionen.
Was ist das für ein Gefühl in mir?
Woher kommt das?
Sprich mit diesem Gefühl, führe einen inneren Dialog mit ihm:
„Hey Gefühl... warum bist du da?...
Benenne das Gefühl - gib ihm einen Namen.
„Hey Mr. Neid, Frau Missgunst, was wollt ihr mir mitteilen?..."

Das ewige Leid von Neid und Missgunst

Meiner Erfahrung nach entdeckst du, dass hinter „Neid und Missgunst" ein sehr menschliches und verständliches Gefühl steht. Es entsteht in jenen, die in ihrem Leben auf irgendeine Art und Weise benachteiligt oder nicht gesehen worden sind. Auch kann es sein, dass diese Menschen nicht ernst genommen wurden. Diese vertraute Angst, nicht ernst genommen und als „klein" und „unfähig" angesehen zu sein, lässt sie chaotisch reagieren. Sie blasen sich unnötig auf (was jedoch zur Folge hat, dass sie nicht authentisch wirken und so erst recht nicht für voll genommen werden).

Somit stellt sich gleich die nächste Frage:

- Wo, wie, wann wurdest du DAMALS - in deiner Vergangenheit - benachteiligt?
- Wo, wie, wann musstest du dich - in deiner Vergangenheit - aufblähen, um gesehen zu werden?

Prüfe für dich, ob du Angst davor hast, nicht ernst genommen zu werden?

Warum und in welchen Situationen blähst du dich HEUTE noch auf?

Neid und Missgunst ist ein wirklich großes Thema unserer Gesellschaft. Kein Wunder also, dass ich diesen Schattenteil ganz besonders intensiv durchleuchtet habe *:)*
Ich gehörte einst zu jenen, auf die „man" neidisch war. Somit verdrängte ich und schmälerte meine Erfolge. Anders gesagt: Ich machte mich klein(er), damit andere kein Problem mehr mit mir hatten. Ich parkte zwei Straßen weiter, damit „SIE" nicht sahen, dass ich einen schicken Mercedes fahre (und sie sich nicht mal irgendeine „Schrottmühle" leisten konnten)... usw. Auch das ist ein Schatten, der dringend gesehen, aufgelöst und erlöst werden darf. ... Ich mein ja nur... für den Fall, dass du diesen >ich-lasse-mich-klein-halten-Schatten< auch kennen solltest ;)

Meine Mentorin damals, - sie war eine Medizinfrau der Hopi Indianer, ihre Werkzeuge basierten auf der Grundlage des Medizinrads - nannte es „die Transformation der Gifte". Jahrelang durchlief ich meinen Priesterzyklus mit ihr, die Gifte (die ich Schatten nenne) waren allzeit „in Bearbeitung". Was ich damit sagen will ist: Wir alle haben zig solche „Gifte" (Schatten) in uns. Sie zu wandeln ist ein Prozess, um den keiner drum herum kommt, insofern er ein wirklich freies, friedliches und liebevoll erfülltes Leben haben will. Transformation ist nie leicht, doch wenn du dies offen und bewusst angehst, geht es ziemlich schnell und viel einfacher, als wenn dich das Leben dazu zwingt.

Die Heldin in dir holt die Wandlungs*Künstlerin und die Schatten*Fängerin zum Vorschein. Hab Geduld mit dir selbst, was in zig Jahrzehnten antrainiert, verdrängt und verstoßen wurde, kann nicht von heute auf morgen einfach verschwinden und weg sein.

Die Wandlungs*Künstlerin ist die Schwester der Schatten*Fängerin

Mit wahren Werten (ohne zu bewerten) **geht das Leben leichter**
Manche Menschen leben so, als gäbe es nur gut und schlecht. Für viele gibt es nur ein entweder - oder, einen Himmel oder die Hölle, das Licht oder die Dunkelheit. Menschen unserer jetzigen Gesellschaft idealisieren (noch) gerne sich selbst und ihre Mitmenschen. Im gleichen Zug entwerten sie sich, dich und andere. Wenn sich ihnen Wesenszüge zeigen, die nicht in ihr idealisiertes Bild passen, erfolgt umgehend die „Entwertung". Ruck zuck hast du „keinen Wert" mehr (für sie), selbst dann nicht, wenn du vorher alles - aber auch wirklich ALLES für sie getan hast. Oder - auf der anderen Seite - sie selbst fühlen sich wertlos... und wer „nichts wert" ist, den verachtet man.
Sehr viel Unheil und Selbstentwertung schafft diese Sichtweise, in der eigenen Seele. Ganz gleich, ob du eine Verachtende oder eine Verachtete bist. Freundschaften und Partnerschaften scheitern daran. Erfahrungen, Abschiede und Trauerprozesse sind vorprogrammiert, denn lange verbergen kann man diese widersprüchlichen (Schatten)Eigenschaften auf Dauer nicht. So bringen sie einige Partnerschaften und vielleicht auch mehrere Ehen hinter sich, um womöglich immer wieder das Gleiche zu erfahren.

Die Weisheit der Schattenfängerin

Die Schattenfängerin ist ganz an der alten Weisheit orientiert, die besagt, dass das, was man an anderen verteufelt, was man an ihnen und ihrem Verhalten hasst und verurteilt, auch in der eigenen Seelenwelt zu finden ist. Je größer das Resonanzfeld, je mächtiger zeigt sich das dahinterliegende Thema.
Aber dadurch, dass du es auf deine Mitmenschen, ein Familienmitglied, die Regierung, eine Gruppe projizierst, kannst du dich selbst frei davon fühlen. Im anderen - deinem Gegenüber - kannst du ES dann angreifen mit dem Wunsch, ES vernichten zu wollen. Dies ist ein ganz typischer Mechanismus - das Denken des Schattens, der auch „Dämon" genannt wird. Jede Schwarz-weiß-Malerei - und ich meine wirklich jede (sei es in uns selbst, in der Politik,

in der Gesellschaft usw.) - sucht das BÖSE im anderen. Sie suchen, um etwas zu vernichten, um nicht selbst zerstört zu werden.

Wer bisher selbst nach diesem Schema gelebt hat, hat nun - als nächsten Persönlichkeitsschritt - die Erkenntnis vor sich, dass das Gefürchtete, das Gehasste und Befremdliche auch in dir zu finden ist. All das, was du im anderen verabscheust, was du hasst und in ihm siehst, ist immer auch eine Selbstbeschreibung - und somit ein super guter Hinweis - auf deine eigenen, ungeliebten Schattenseiten deines Lebens.

Die aufmerksame Mentorin, die Hand in Hand mit deiner Heldin in dir und der Schatten*Fängerin und Wandlungs*Künstlerin zusammenarbeitet, legt besonderen Wert darauf, die verdrängten, verstoßenen, vergrabenen, als peinlich oder beängstigend erlebte Anteile zu beachten. Natürlich kannst du dies auch selbst tun, doch meist ist es so, dass die berühmten blinden Flecken sich gerade im eigenen Schattenreich besonders stark und dicht - wie eine Nebelwand - ausbreiten und dir die Sicht zur Erkenntnis versperren. Was du tun kannst ist nun folgendes:

Frage das Universum - genauer gesagt deine Schatten*Fängerin um Rat.
Genauere Tipps dazu gibt es im Mittleren Teil deiner Reise, denn in den Meilensteinen 6 - 9 geht es speziell um Transformation und Wandlung.

Bevor du jetzt weiter liest, weise ich dich - der Ordnung halber - nochmals darauf hin, dass dies alles meine eigenen Erfahrungen, Erkenntnisse und Heilprozesse sind, die ich hier beschreibe. Ähnlich wie das geistige Heilen, das der Aktivierung der Selbstheilungskräfte dient, ersetzen meine Zeilen nicht die Diagnose oder Behandlung beim Arzt und Psychotherapeuten. Sie sollen dir als Ergänzung dienen auf deinem Weg zur Selbsterkenntnis.

Wenn dir dein Schatten im Außen begegnet

Als Kind hatte ich mich zum „Liebsein“ verdammt - ich erlaubte mir nichts anderes! Sobald meine Mutter mir ihre Unzufriedenheit auch nur andeutete (ein Blick hatte genügt), fühlte ich mich überaus schlecht. Ich lebte ständig in der Angst, etwas „falsch“ zu machen. Das Gefühl, nicht gut genug gewesen zu sein, packte mich sehr unsanft am Kragen und schüttelte mich regelmäßig durch. Jedes Mal versprach ich mir selbst, das nächste Mal (noch) besser zu sei. Das, was ich zu nachsichtig, geduldig und verständnisvoll mit meinen Mitmenschen war, war ich im Gegenzug viel zu streng mit mir selbst.

Trotz meinem unerbittlichen Bemühen, ein braves Mädchen zu sein, tauchten dann immer mehr Extreme in meinem Leben auf. Schatten-Menschen, die sich fürchterlich und bedrohlich aufblähten und sich mir zeigten. Heute weiß ich: Diese Schatten spiegelten mir praktisch das Gegenstück - als Ausgleich sozusagen:) Wenn es ein Extrem auf der einen Seite gibt, braucht es zum Ausgleich ein Extrem auf der anderen Seite. Diese Schatten (Ungeheuer, Dämonen) gehörten also auch zu mir. Auch - oder gerade weil - ich mir dieses Verhalten vehement verboten hatte und ich an einem EXTREM festgehalten hatte. Verurteilt hab ich diese Menschen, die sich erlaubten das zu leben, was ich mir strickt verboten hatte. Extrem traten sie auf, weil ICH EXTREM war in meiner Haltung. Weil ich mir all diese Anteile unerbittlich vehement verboten hatte, traten sie aggressiv, bedrohlich und überaus heftig im Außen auf. Ich hatte diese Anteile in den Schatten verbannt, die dann irgendwann genug davon hatten und endlich auch mal gelebt werden wollten.

Die Stellvertreter-Menschen meiner Schatten-Anteile forderten mich vehement dazu auf:

* Steh endlich auf und zeig uns deine Krallen.
* Wehr dich und fletsch auch mal die Zähne.
* Setze uns Grenzen.
* Schütze dich vor unserem aggressivem Verhalten,
* fordere Respekt und Achtung ein.
* Zeig uns, was in dir steckt.
* Mächtig und groß bist du, doch wir halten dich klein.

... warum verhältst du dich wie unser Untertan mit dem wir alles machen können, was wir wollen?

Diese Erkenntnisse brachten mich damals doch ziemlich aus der Fassung, doch sie veränderten mein Leben drastisch. Viele verabschiedeten sich - neue Menschen kamen in mein Leben. „The Circle of Life“ ging in die nächste Runde...

Heldinnen wachsen über sich selbst hinaus

Ich weiß, wovon ich rede... ich wachse seit ich auf der Welt bin über mich selbst hinaus. Dies bedeutet, ich bin...

Zur Heldin geboren

Wobei ich lange, lange Zeit nur funktioniert habe und alles andere war, als eine Heldin. Ich setzte alles dran, es meinen Mitmenschen recht zu machen. Ich machte ihnen das Leben leicht und gleichzeitig mein eigenes schwer. Ich bediente sie... ich diente ihnen (und wunderte mich dann, als sie anfingen, mich wie eine Dienerin zu behandeln) ... Ich war glücklich, wenn andere glücklich waren. Anderen eine Freude zu bereiten, war mir meine größte Freude und sie zum Lachen zu bringen. Das ist es mir immer noch, doch eben OHNE dieses (übertriebene) Helfersyndrom.

Doch woher glaubst du, dass so ein Helfersyndrom kommt? Ich musste erst studieren, um an den Kern heranzukommen.

Mein Helfersyndrom hatte seinen Ursprung in meiner Kindheit.

Die Auswirkungen von Versprechen aus der Kindheit

Mit drei Jahren gab ich meinem Vater ein Versprechen. Er saß mit seinen gerade mal 35 Jahren am Steuer unseres Autos. Meine Mutter saß daneben. Meine Schwester - damals 1 Jahr alt - und ich als 3-Jährige, wir saßen hinten auf der Rücksitzbank... und während der Fahrt bekam er eine Art Schlaganfall, der ihm seine linke Körperhafte vollständig lähmte. Vom Unfall selbst weiß ich nicht mehr viel. Hochsensibel wie ich schon immer war, bekam ich die Zwischenwelt sehr lebendig mit... Ich spürte den Schock... die Starre... die lähmende Angst... ich hörte die Schreie...

... ansonsten war ich mehr in der Zwischenwelt und sah meinen Vater, der sich auf den Weg >zurück nach Hause< - über die Regenbogenbrücke - machen wollte...
Dieses Erlebnis ist mir noch viel mehr im Gedächtnis als das Drama selbst. Die Schockstarre meiner Mutter... die Verzweiflung von beiden - von Mutter und Vater...

In dieser Zeitphase - die praktisch ohne Raum und Zeit, wie in einer Zwischenebene stattfand - versprach ich meinem Dad, ich werde ihm helfen und für ihn da sein. Ich flehte ihn an, er solle bei uns bleiben... ich werden mich um ihn kümmern... ich versprach, immer lieb zu sein... keinen Kummer zu machen...

Und er kam - nach langem Hin und Her - wieder zurück ins Leben. Dieser Todeskampf und seine Sehnsucht den Planeten zu verlassen, dauerte einige Zeit an.

Meine Mutter war damals 27 Jahre alt und verständlicherweise total überfordert mit der ganzen Situation. Ihr Kummer war unbeschreiblich, ihre Sorgen riesengroß. Sie litt sehr und musste von jetzt auf gleich die Verantwortung für die ganze Familie übernehmen, einschließlich ihrer Schwiegermutter, die bei uns im Haus lebte, inklusive der Schulden fürs Haus und ihren kranken Mann. Dieser besagte Tag hinterließ Spuren, mein Vater erblindete bis auf wenige % an verbleibender Sehfähigkeit bei Dunkelheit. Umrisse sah er bei Nacht, bei Sonne rein gar nichts mehr. Sämtliche Sinne versagten. Sein Geschmacksinn war eingeschränkt, das Riechen, sein Gehör machte Mucken und sein Tastsinn war durch seine Arbeit - als Polier - ebenso unbrauchbar für die Umschulung auf Blindenschrift. So war er mit 40 Jahren Frührentner und anstatt dessen ging meine Mutter arbeiten. Sie versuchte, sich nie was anmerken zu lassen, doch ich hörte sie oft weinen und vor allem spürte ich ihren Schmerz, ihre Traurigkeit, ihren Kummer. Deshalb tat ich alles, um sie wieder glücklich zu machen... Doch egal was ich tat, es gelang mir nicht wirklich.

Meine Mutter war (sie verstarb mit 67 Jahren) eine sehr starke Frau, die immer standhaft blieb, egal was passierte. Doch sie wurde sehr, sehr hart... zu sich selbst am allermeisten... und zu mir (die ich ihr so ähnlich war - und das nicht nur im Aussehen). Meine kleine

Schwester war das zarte Pflänzchen, die umsorgt, gehegt und „gepimpert“ wurde, während ich gefühlt die ganze Last der Familie auf meinen Schultern trug. Oft war es mir zu schwer und ich betete jeden Tag, man möge mich doch bitte wieder zurück, ins himmlische Nirwana, holen. Doch dieser Wunsch wollte mir einfach nicht erfüllt werden.
Ich litt mit ihr - meiner Mutter - und ganz gleich, was ich auch tat, ich konnte es ihr nie recht machen.
Und letztlich wurde es dann ganz verrückt...
Zu dem Zeitpunkt, als Dad - weitere 27 Jahre später - dann doch, ganz plötzlich und unerwartet seine Heimreise antrat. Er fiel einfach um, legte seinen Körper ab und war fort. Sein Herz entschied es so - Einspruch zwecklos.

Zwei Tage zuvor hatte ich ihm gesagt, dass ich einen Mann kennengelernt hatte, mit dem ich gerne eine Familie gründen wolle.

Vielleicht kannst du dir vorstellen, wie es mir ging. Doch der Verlust war noch nicht alles. Meine Mutter gab mir die Schuld an seinem Tod. Und mit diesem „Urteil“ lebten wir nicht wirklich mehr harmonisch miteinander. Ich konnte reden und machen was ich wollte, es war wieder mal >nie genug< und >immer falsch<...

Ich brauchte einige Jahre, bis ich diesen Seelen-Schmerz verarbeitet und die tiefen Wunden in meinem Herzen heilen konnten. Mein Studium in (positiver & spiritueller) Psychologie mit dem Schwerpunkt „Trauerbegleitung“ war letztendlich eine Eigentherapie, mit der ich mich selbst wieder zurück ins Leben brachte. Zum Genesungsverlauf halfen mir enorm meine Kinder, die alle VIER innerhalb von 4,4 Jahren auf die Welt kamen. Und dies nach VIER Jahren unerfülltem Kinderwunsch ... Dieser Wunsch erfüllte sich genau zu dieser Zeit, als ich die Entscheidung traf, meinen eigenen Weg zu gehen. Es war, als lösten sich unsichtbare Ketten und Bänder - echt magisch. Ich war schneller schwanger als ich „pip“ sagen konnte, so plötzlich kam die Erfüllung in mein Leben.
Die magische - 4 - VIER... und
die schicksalshafte - 27 - SIEBENUNDZWANZIG...

Immer wieder tauchten diese Zahlen auf.

Mit 27 Jahren fand mein Dad seinen Vater erhängt auf dem Dachboden... Meine Mutter war 27 Jahre alt, als Paps den Schlaganfall am Steuer unseres Autos hatte... 27 Jahre später ging er dann doch und ließ uns alleine zurück ... mit 27 Jahren bekam ich die Diagnose mit der Prophezeiung, nie eigene Kinder haben zu können...

Ich habe den Bann gebrochen, denn die magische VIER nahm ihren Platz ein*;)*

Heldinnen und Helden in der Meisterschaft haben in der Regel alle eher „schwierige" Starts, Kindheitserlebnisse oder familiäre Sonderheiten in ihrem Seelen*Plan stehen. Ein eindeutiges Merkmal dafür, dass es sich um eine tiefgreifende Transformation und um deine Meisterprüfung handelt.

Wie schaut das bei dir aus? Hast du deine familiären Ereignisse schon mal reflektiert und ebenfalls Zahlenkombinationen herausfinden können? Wer weiß, was für Schlüssel sich hier verstecken!?
Doch gehen wir mal weiter... und kommen zu einem weiteren Schatten*Thema.

Bewertungen und ihre Folgen

Wenn ich damals schon gewusst hätte, was ich mir mit diesen Bewertungen antue, hätte ich die Erfahrung niemals gemacht*:)*
Doch ich habe sie gemacht - und das ziemlich intensiv und ausführlich.

Damals, als ich noch in gut und schlecht dachte, sah mein Wertesystem so aus:

Egoismus = schlecht —> also ab in das finstere Loch.
Lieblosigkeit = schlecht —> ab in den Kerker.
Eigennützigkeit = schlecht —> der Keller wartet auf dich.

Wundert es dich, wenn ich dir jetzt sage, dass lange Zeit sehr viel egoistische, lieblose und übertrieben eigennützige Menschen in meinem Lebensraum waren?

Selbstaufgabe = gut —> dafür bekomme ich bestimmt mal einen Orden.
Aufopferung = gut —> das braucht es für den Heiligenschein.
Selbstlosigkeit = gut —> damit mach ich mich beliebt.

Vielleicht ahnst du es bereits was ich dir jetzt sage, doch genau so kam es. Eine überaus lange Zeit gehörte es zur Tagesordnung, dass sehr viel Menschen in meinem Leben von mir Selbstaufgabe, Aufopferung und Selbstlosigkeit GEFORDERT haben! Damals war ich entsetzt und zutiefst verletzt! Für mich war es ja selbstverständlich, ABER... was für ein unverschämtes Verhalten legten denn meine Mitmenschen an den Tag... Wie können sie dies FORDERN, was sie selbst überhaupt nicht machen?

Unverschämtes Verhalten = ganz schlecht —> ab in die tiefste, finstere Höhle.
Forderungen an mich = geht gar nicht, also schlecht! —> weg damit ins Schattenreich

:))))
Merkst du was? ...
Diese Liste lässt sich laaange fortsetzen.
Es ist wirklich interessant, wenn man sich auf die Spuren seiner eigenen Glaubenssätze, Muster, Überzeugungen und Schattenwelten macht.
Hast du dies schon mal für dich aufgestellt?
Fütterst du auch noch die Gut-Schlecht-Schubladen?
Was ist für dich gut und was ist schlecht?
Und was erlebst du in deinem Leben durch deine Mitmenschen?

Hierbei fällt mir dieses Buch wieder ein:

Brave Mädchen kommen in den Himmel, böse überall hin
Gekauft hatte ich mir das Buch als Teenager, weil mir der Titel gefallen hat. Gelesen hab ich es nie und den Buchtitel-Rat befolgte ich erst nach vielen, vielen Jahren. In Etappen ging das. Den letzten großen „Weit-Sprung“ tat ich vor gut 6 Jahren, mit ihm hat es mich in ein neues Universum katapultiert und ich entdeckte, wie schön die Welt und das Leben doch ist. Wenn das die von vielen gefürchteten „Wechseljahre“ sind, dann >Halleluja< -

so schön war mein Leben noch niemals zuvor! Her damit, ich will meeeeehr davon*:))*

Meine Ausdauer war schon immer sehr ausgeprägt, und so dauerte es - wie gesagt - ziemlich lange, bis ich schlussendlich genug gelitten hatte und ich mich (endlich) meinen Schatten stellte. Die Erkenntnis daraus verblüfft mich noch heute, denn plötzlich ergab sich ein ganz neues Bild. Dieses buchfüllende Thema fasse ich kurz und knapp zusammen:

Wenn du dich deinen Schatten stellst und plötzlich das (scheinbar) böse, fürchterliche Ungeheuer erschreckt winselnd das Weite sucht, ist das ein saugutes Gefühl*;)*

Resonanzfelder zeigen sich durch ein Gefühl
oder

Keine Angst vor tiefen Gefühlen

Dieses „komische" Gefühl, dass aus deinem Erinnerungsspeicher deiner Vergangenheit emporsteigt, zeigt dir lediglich an, dass es da noch etwas in dir gibt, das erlöst werden will. Nicht mehr und nicht weniger. Und du hast jetzt die Möglichkeit, diese festsitzende Emotion, die sich da immer wieder zeigt, zu (er)lösen. Du kannst sie wandeln und zu einer Wandlungs*Künstlerin werden. Oh jaa… das geht.
Damals, als dieses Gefühl in dir entstand, warst du womöglich noch klein und konntest dich nicht wehren. Du warst dieser Benachteiligung ausgeliefert. Doch jetzt bist du groß… und du hast dich auf den Weg gemacht, um mit neuem Bewusstsein ein erfülltes Leben zu leben. Somit kannst du alles wandeln, was dich von deinem erfüllten Lebensglück (noch) abhält.

Wer tief in seine Schatten-Gefühle eintaucht, kann nur gewinnen. Hinter jedem Schatten, der sich dir als Schwäche in deinem Leben zeigt, liegt eine große Stärke als Schatz verborgen.
Trau dich ruhig, Heldin - du kannst nur gewinnen!

Sobald du deine dunklen, ungeliebten, hässlichen und ungeheuerlichen Anteile anerkennst, sie willkommen heißt und in deinem Leben integrierst, kannst du aufhören, gegen dich selbst zu kämpfen und den ausgegrenzten Teil - das Verachtete - auf andere zu projizieren. Dies ist eine gute Voraussetzung für inneren und äußeren Frieden - mit dir selbst und mit deinen Mitmenschen.

Wie du das machst?
Indem du ihnen - deinen Schatten - einen guten Platz in deinem inneren Theater-Ensemble gibst.

Doch das ist das Thema im mittleren Teil deiner Reise. Hier - am Anfang - geht es ja vorrangig um dein Potenzial, in welchem du all das erkennen darfst, was dich ausmacht, was dich schnell in deine weibliche Kraft bringen kann. Denn das ist die Grundlage einer erfolgreichen Reise und äußerst wertvoll auf deinem Weg, der voller Herausforderungen und Prüfungen sein wird.

Komm mit mir auf eine Innere*Welt*Reise

und lerne deine Innere Lichtkriegerin kennen

Diese Reisen sind speziell, einzigartig und gehören zu meinen Lieblings-Reisezielen. Von Kindheit an gehören sie mit zu mir, als hätte ich die Wirklichkeit nie vergessen.
Die Musikband Pur hat sie einst beschrieben mit ihrem Song >**Abenteuerland**<.
Dort heißt es:

„Der triste Himmel macht mich krank -
Ein schweres graues Tuch -
Das die Sinne fast erstickt -
Die Gewohnheit zu Besuch -
Lange nichts mehr aufgetankt -
Die Batterien sind leer -
In ein Labyrinth verstrickt -
Oh, ich seh' den Weg nicht mehr
Ich will weg, ich will raus
Ich will, wünsch mir was
Und ein kleiner Junge nimmt mich an die Hand -
Er winkt mir zu und grinst
„Komm hier weg, komm hier raus -
Komm, ich zeig dir was -
Das du verlernt hast vor lauter Verstand -
Komm mit….

Komm mit mir ins Abenteuerland
Auf deine eigene Reise
Komm mit mir ins Abenteuerland
Der Eintritt kostet den Verstand
Komm mit mir ins Abenteuerland
Und tu's auf deine Weise
Deine Phantasie schenkt dir ein Land
Das Abenteuerland

Neue Form, verspielt und wild -
Die Wolken malen ein Bild -
Der Wind pfeift dazu dieses Lied -
In dem sich jeder Wunsch erfüllt -
Ich erfinde, verwandle mit Zauberkraft -
Die Armee der Zeigefinger brüllt: „Du spinnst!“

Ich streck' den Finger aus -
Ich verhexe, verbanne,
ich hab' die Macht -
Solange der Kleine im Spiegel da noch grinst -
Komm mit ….
Komm mit mir ins Abenteuerland….

Peter Pan und Captain Hook mit siebzehn Feuerdrache -
Alles kannst du sehen, wenn du willst -
Oh, oh, Donnervögel, Urgeschrei, Engel, die laut lachen -
Alles kannst du hören, wenn du willst -
Du kannst flippen, flitzen, fliegen und das größte Pferd kriegen -
Du kannst tanzen, taumeln, träumen und die Schule versäumen…
Alles das ist möglich in dir drin, in deinem Land -
Trau dich nur zu spinnen, es liegt in deiner Hand -

Komm mit …
Auf deine eigene Reise
Komm mit und tu's auf deine Weise …

Dein geistiges Helfer*Team

Du trägst insgesamt 144 Innere Helfer in dir, die dich seit deiner allerersten Inkarnation begleiten. Meist sind den Menschen nur einige wenige davon bekannt. Doch die Kraft der Inneren Helfer ist so tiefgreifend und vielseitig, dass Worte oft nicht ausreichen dies zu beschreiben.
Deine Inneren Helfer warten nur darauf, mit dir in Kontakt zu treten. Dadurch vereinfacht sich dein gesamter Alltag, denn Innere Helfer sind stets darauf ausgerichtet, dich so schnell wie möglich an das Ziel deiner Wünsche zu bringen.
Jedoch nicht alle 144 werden jetzt - in diesem Leben - gebraucht. Die wichtigsten in dieser Inkarnation sind 18 lebendige Energie, die dich unterstützen und alles tun, um dich zu deinem gewünschten Ziel zu bringen. Du wirst sie auf deiner Heldenreise kennenlernen.

Was sind Innere Helfer?

Um das zu erklären, nehme ich dich jetzt mit auf eine kleine Innere*Welt*Reise. Sie geht weit, weit zurück, bis zum Anfang deiner Seelengeschichte. Dorthin, wo du einst - als hohes Licht - erschaffen wurdest von deinen kosmischen Eltern. Und während ich dir das schreibe, darfst du wieder dein Herz ganz weit öffnen und deinen Verstand beiseiteschieben oder ihn ruhen lassen... Auf einem Ausflug in dein Innerstes reisen wir in die Wirklichkeit... - fernab der Dualität, in der wir uns, mit unserem Körper befinden - ... und je tiefer du dich in diese Energie fallen lassen kannst, desto mehr kannst du spüren und fühlen, woher du ursprünglich kommst...

Als du einst entschieden hast, als hohes Licht in der Dualität zu inkarnieren, wurdest du in so vielem ausgestattet, was dich dabei unterstützen soll, dich als Gotteslicht auf Erden (SOL A VANA) zu erkennen und deine Fähigkeiten zu nutzen. Doch durch die vielen Inkarnationen und die Aufnahme von Dualiätsenergie, haben die meisten Menschen vergessen, dass sie über alle Inkarnationen hinweg innere Helfer begleiten, die nur darauf warten zu wirken und dich zu unterstützen. Es sind **lebendige Energien in dir** und sie brauchen deine Erlaubnis, für dich zum Wohle zu wirken und dich in allen Lebensbereichen zu unterstützen. Einige deiner inneren Helfer wirken schon immer für dich , andere aber brauchen deine Erlaubnis. Nur wenn du anerkennst, dass deine inneren Helfer lebend sind und deine Zuwendung, Achtsamkeit und dein Vertrauen brauchen, wirst du die gebündelte Kraft fühlen können.

Wie kannst du dir deine Inneren Helfer vorstellen und wie wirken sie?

Hierzu nutze ich eine Metapher:

Stell dir vor, deine Inneren Helfer sind vergleichbar mit einem Gefährt auf einer Straße, die dich, wenn du fährst, zum Ziel begleiten. Stell dir vor, du wolltest vom Bodensee an den Heldenplatz in Wien reisen und weißt den Weg dorthin nicht.

Du hast nun zwei Möglichkeiten:

Entweder du fährst einfach immer geradeaus, einfach mal der Nase nach, weil diese Straße halt so zu befahren ist. Die Wahrscheinlichkeit, dass du in Wien ankommst, ist gering oder aber mit vielen Umwegen verbunden. Natürlicherweise verfährst du dich und das kostet dich Zeit und vor allem Energie. Vielleicht brichst du sogar deine Reise vorzeitig ab und oder änderst einfach dein Ziel. Ankommen wolltest du in Wien und gelandet bist du am Nordpol - vielleicht sogar im Nirgendwo!

Die zweite Möglichkeit wäre, dein Navi zu programmieren und einfach dein Ziel: >WIEN Heldenplatz< einzugeben. So wirst du über die kürzeste Strecke nach Wien geführt. Sollte es zu Verkehrsstauungen kommen, wirst du vorher darauf aufmerksam macht. Wie gesagt, es ist eine Metapher und natürlich sind deine inneren Helfer nicht wie ein Navi programmierbar und vor allem sind sie kein lebloses Gerät. Doch der Vergleich ist schon sehr ähnlich, denn deine inneren Helfer führen dich auf deiner Energiestraße so schnell wie möglich zum Ziel deiner Wünsche.
Du trägst zahlreiche Energiestraßen in dir und meist werden davon nur ganz wenige genutzt und viele bleiben sogar gänzlich unbefahren. Meist werden nur ein oder zwei Straßen benutzt, um an das gewünschte Ziel zu kommen und oftmals kommt es dann zu den bekannten Energiestaus, die sich sehr unangenehm anfühlen und sogar Lichtkörpersymptome auslösen können. Das energetische System in dir möchte wahrgenommen und verstanden werden, vor allem auf der seelischen Ebene, das heißt mit deinem Herzensverstand.

Kommen wir zurück zum Wendepunkt.
Wir knüpfen am Meilenstein 2 deiner Reise an... Erinnerst du dich noch, wie dein Engel an deinem Bett saß und dir eine Geschichte erzählt hat...
Er erzählte dir, wie du im Universum erschaffen wurdest ... und dass es einen Wendepunkt in der Zeitgeschichte gegeben hat...

Meilenstein 4
... Lege dich in Gedanken wieder in dein Bett oder ins Gras, in den Sand oder in einen Liegestuhl (ganz wie du willst)... mache es dir gemütlich... atme ruhig und entspannt ... spüre in dich hinein und nehme innerlich Kontakt auf zu deinem Engel.
Du spürst seine Anwesenheit durch einen Schauer, der dir über die Haut streicht... oder es ist, als spürst du seine Hand auf deiner

Schulter… oder ein Streicheln über dein Haar… Du selbst machst mit ihm ein Zeichen aus…
Und wenn du ihn wieder spüren kannst - deinen Engel an deiner Seite - dann lassen wir ihn weitererzählen…

Lausche in dich hinein und spüre einfach seine Anwesenheit…während er weiter mit dir spricht…

… Als all die Bemühungen, all das Wirken, das du - und so viele hohe Lichter auf diesem Planeten - in eurer Liebe vollzogen haben, dies trotz allem nicht dazu führte, den Planeten zurück zu holen… Und dieser Wendepunkt hat für dich noch heute, und ganz besonders jetzt in dieser - deiner letzten Inkarnation - eine weit reichende Bedeutung.

In ihrer unermesslichen Liebe, in ihrer Güte, hat die göttliche Quelle aus sich heraus, zum ersten Mal einen Segnungstropfen geboren… eine Perle ausgesandt in dieses Universum… um die Erlösung zu bringen.

Und die Quelle sandte den „Heiland“ wie er einst genannt wurde… Es war solch ein heiliger Akt der göttlichen Liebe, dass sich alle Engel im Universum zum Gebet versammelten und gesungen haben, um diesen Tropfen der Erlösung und der Liebe bis auf eueren Planeten zu tragen…
Und so war Gottes Sohn geboren…
Und jeder Mensch trägt diesen Funken, das Christus*Selbst - in sich, denn dadurch entsteht Erlösung, Heilung und Erwachen…
Es entspringt alles einer Vereinigung von Licht und Liebe…
So entsteht das Leben… so ist es im Universum… so ist das auf euerem Planeten…

Wenn eine männliche und eine weibliche Energie sich verbinden, entsteht das DRITTE… und auf dieser DREI ist alles aufgebaut.

Und dieses Leben ist dein Urrecht, eines jeden Menschenkindes…
Es ist eine Illusion, eine Illusion, dass Krankheit und Sterben, Altern und Leid zum Leben gehören.

Zwar hast du das in so vielen Inkarnationen auch direkt erfahren, doch es war das Wirken der Dualität. Das wahre Leben ist unbegrenzt und es ist euch jetzt - zu dieser Zeit - in dem das Erwachen auf dem Planeten schon soweit fortgeschritten ist, diesen Übergang mit deinem Körper zu vollziehen..

Oh jaa, dieser Körper... wir - aus den Engelwelten - wir können deinen physischen Körper nicht erfassen. Wir können deinen Körper, obwohl wir wissen, dass du ihn in der Dualität als real erlebst und spürst, nicht der Wirklichkeit zuordnen. Noch ist er ein Teil der Illusion. Und es ist deine Aufgabe, aber auch dein Privileg, du - als Engel in einem menschlichen Körper - diesen Körper nach und nach in den Status der Wirklichkeit zu erheben. Ihn so mit Licht und Liebe zu füllen, die Zellen umzustrukturieren, sie bereit zu machen für die Energien der Wirklichkeit.

Das hat noch niemals im Universum auf diese Art stattgefunden und deswegen blicken wir voller Interesse, voller Bewunderung zu euch und unterstützen euch in allen Belangen...
Doch ist es wichtig, dass du verstehst, dass wir nicht eingreifen dürfen.
Nur dann, wenn du uns deine tiefe Erlaubnis gibst,...
... nur dann, wenn du dieses hohe Licht der Absicht aussendest, - SHI`A`DRANA - ist es uns, den hohen Lichtern erlaubt, mit dir, an dir zu wirken, deinen Lichtkörper zu dekodieren, dich auszudehnen in deinem Licht, dir Energien zu überbringen, dein System mit Einweihungen und den Energien der neuen Zeit zu versorgen.

So möchte ich - dein Engel an deiner Seite - noch einmal auf die Veränderungen zu sprechen kommen:

Bewusstsein und Spiritualität hat es zu jeder Zeit auf euerem Planeten gegeben. Doch sie war immer im Wandel. In jeder Epoche der Zeit hattet ihr, du und der Planet euch ein anderes Ziel gesetzt, um die Erhöhung der Energie und die Ausdehnung weiter zu tragen.

So unterschiedlich diese Spiritualität auch gelebt wird, hatte sich doch eines immer:

Die Liebe` als stärkste, zentrale Kraft, wenn sie wahrhaftig verstanden und gelebt wurde.

Und so ist es auch in der Jetzt-Zeit. Das einzige, was beständig ist, ist die Liebe!

Und so strömt die universelle Liebe zu dir, meine liebe Heldin, mein wertgeschätzter Held: ... mit den Worten der universellen, göttlichen Kraft sagt sie dir:
Sei bereit für das Neue...
Sei bereit, altes loszulassen, damit du das Neue aufnehmen kannst...
Sei auch du als Heiler, als Bewusstseins*Lehrer oder Therapeut der neuen Zeit bereit zu erkennen, dass viele Dinge nicht mehr den gleichen Gesetzmäßigkeiten folgen.

- Dass sich die Schwingungen verändert haben...
- dass sich euer Chakren System verändert hat...
- dass euere Zellen mutieren...
- dass euere Körper begonnen haben, sich zu verändern...

Das Meridiansystem beginnt bei einigen Menschen bereits, sich nach der Wirklichkeit auszurichten. Und das können wir erkennen, denn wir erkennen die Wirklichkeit...nur das, was wirklich ist...

So wundern sich Menschen manches Mal, warum ihre Gebete scheinbar nicht erhöht werden... warum sie keine Wirkung zeigen...

Deshalb möchte ich dir sagen:

Ein Gebet der Wirklichkeit, welches bis in die höchsten Ebenen, bis zur göttlichen Quelle dringt, ist

- Worte der Liebe,
- der Dankbarkeit,
- der Hingabe,
- der Lobpreisung.
- Worte der Demut... in denen du erkennst und anerkennst, dass du göttlich und eingebunden bist in etwas so Großes...

Doch ihr Menschen betet oftmals und wollt Etwas haben, etwas damit erreichen... betet zu einem bestimmten Zweck ... so ruft ihr das Göttliche an. Und nur manches Mal, eben dann, wenn ihr die Liebe dabei fühlt in euren Herzen, kann das Universum darauf reagieren... wenn ihr diese Liebe frei fließen lasst.

Doch wenn du - aus einer Not heraus - im Schmerz, in der Begrenzung, aus der Angst heraus betest, sind all das Attribute, die nicht der Wirklichkeit entsprechen und sie bleiben oftmals schon in planetaren Feldern hängen, dringen nicht bis in das Universum vor...

Diese neue Zeit, dieses neue Wissen, **ist das universelle Wissen des Universums**, das euerem Planeten jetzt übertragen wird und es beinhaltet auch mehr, um diese Vielfalt des Lebens zu erfahren...

Deshalb, ihr wundervollen Frauen, die ihr die pure Liebe seit. Lasst die Liebe in euch und durch euch fließen... und nehmt das universelle Wissen in euch auf.
Viele Menschen glauben, dass nichts einen Unterscheid macht.
Und oftmals wird gesagt, ich brache keinen Engel zu rufen,
ich brauche keine Heilenergie zu rufen...
denn alles ist eins und Gott - die göttliche Quelle, das Universum - gibt mir, was ich brauche.
Und natürlich ist das auch richtig... doch
...dass alles eins ist, nicht getrennt und holographisch miteinander verbunden, bedeutetet nicht, dass alles gleich ist, dass nichts einen Unterschied macht!! ...

Wenn du dein Bewusstsein öffnest und einen bestimmten Engel - eine bestimmte Energie - beim Namen rufst und sie unmittelbar ansprichst, kann dir das Universum mit viel höherer Strahlkraft antworten... und diese Energie zu dir tragen.

So gehört zu diesem Wissen der Neuzeit auch, dass du dir bewusst machst, dass du so viele Arten und Felder von Energien in dir trägst, so viele Frequenzen in deinem Licht beinhaltet sind und du dich mit eben vielen Frequenzen im Universum verbinden kannst.

Ja ... dass du solche Frequenzen sogar in dir trägst... in deinem Licht... die dir helfen, dir beiseite stehen...
und so möchte ich - dein Engel - dir heute Nacht ein Geschenk für dich bereiten und dir sagen:

Dass du in dir eine persönliche Engelsgruppe trägst... und Nathaniel, als der hohe Lehrer der Engel, ist über diese Engelsgruppe mit jedem Menschen verbunden.
Wenn du es erlaubst, wenn du das erlaubst, diese göttlichen Geschenke in dir anzunehmen, wird Nathaniel diese Engel für dich erwecken...

Auf deiner Heldenreise ist es dir möglich, ihre Namen zu erfahren und wenn du magst, erfährst du auch, wie du mit ihnen zusammen wirken und arbeiten kannst.

Ein wichtiger Helfer, der dir zur Seite steht, ist dein Innerer Lichtkrieger, bzw. deine Innere Lichtkriegerin. Sie unterstützt dich auf eine ganz besondere Art und Weise auf deiner Reise in dein neues, rundum erfülltes Leben.

Jedes Energiefeld in dir, und es sind so viele, die dich unterstützen können, möchten erweckt und genährt werden...
Doch wie soll das geschehen, wenn du dir dessen nicht bewusst bist... So folgt die Energie immer deinem Fokus, deinem Bewusstsein... und wenn du immer denkst, alles ist EINS und nichts macht einen Unterschied, kannst du dich dieser Vielfalt deiner Einzigartigkeit und deinem eigenen Facettenreichtum nicht öffnen....

Und so ist die persönliche Engelsgruppe und der goldene Engel in dir, nur ein Teil von dem, was du in dir trägst.... Denn du trägst alles in dir, was du brauchst... und das war immer schon so, durch all die Inkarnationen, Dimensionen und Epochen hindurch...

Warum deine Innere Lichtkriegerin so wichtig ist

Ein androgynes Wesen ist weder männlich noch weiblich, deshalb suche dir bitte aus, ob du diese Energie als weiblich oder männlich empfinden magst. Ich spreche von beiden - sowohl von dem Inneren Lichtkrieger, als auch von der Inneren Lichtkriegerin - vereinfache dies jetzt aber, indem ich nur noch von >der Lichtkriegerin< spreche. Solltest du einen Lichtkrieger spüren, so wandele es einfach ab, wie es für dich passt.

Die Innere Lichtkriegerin ist ein energetisch sehr starkes Licht in dir und braucht unbedingt Anweisung!

Sangitar erklärte es einst so:
Den Inneren Krieger hast du in Zeiten von Atlantis sehr oft benutzt. Wenn dieser Innere Helfer aktiviert und voller Energie ist, wenn er ein Ziel hat, kann er Berge versetzen. (Das ist eine Metapher). **Er kann tatsächlich Wunder vollbringen.** (Das ist keine Metapher;)

Dadurch, dass du in Atlantis sehr viel mit deiner Inneren Lichtkriegerin gewirkt hast, kennt sie dich sehr gut und - menschlich ausgedrückt - versteht sie einfach nicht, warum sie nicht gerufen wird oder warum sie nicht eingesetzt wird. Die Lichtkriegerin ist stets wach und braucht nicht aktiviert zu werden. Das heißt, du solltest sie aktivieren, um ihre Energie zu nähren, aber sie ist keiner der Inneren Helfer, die in irgendeiner Form deaktiviert wurde.

Die Innere Lichtkriegerin ist meist eine von jenen lichtvollen Helfern, die sich, wie schon erwähnt, auf einer verkehrten Lichtstraße bewegt. **Denn sie bewegt sich auf allen Lichtstraßen, wenn sie nicht gesehen oder beachtet wird.** Sie breitet sich dort aus. **Es ist eine lichte, kriegerische Energie, die in die Tat (weiter)gehen möchte.** Die Innere Lichtkriegerin möchte wirklich etwas tun! Wenn sie das nicht kann, dann zirkuliert die Energie im gesamten Energiefeld, kommt irgendwann an die Seelenoberfläche* und irgendwann ins Außen(!!)

Manchmal drückt sie sich dann als kleine Aggression aus.
Auch bei Stimmungsschwankungen ist es meist die kriegerische Energie. Sie ist sehr gut, voller Licht, und könnte so vieles

bewirken, nur, wenn sie nicht genutzt wird, dann geht sie einfach einen anderen energetischen Weg, weil dieser Energie nichts anderes übrig bleibt – und dann können solche Ausbrüche passieren. **Deshalb ist es sehr wichtig, mit deiner Inneren Lichtkriegerin Kontakt aufzunehmen, um sie genau anzuweisen, was du möchtest.**

So kannst du deine Innere Lichtkriegerin einsetzen:

- für alle Projekte oder Unternehmungen, die du angehen möchtest,
- wenn du dich selbstständig machen möchtest oder
- wenn du ein künstlerisches oder ein musikalisches Projekt hast.

Egal, was es ist, die Innere Lichtkriegerin ist dabei.
Sie möchte unbedingt dazu geholt werden. Wenn du das tatsächlich tust und das mit tiefer Absicht machst, dann **wirst du erleben, dass sehr vieles leichter geht, von dem du vorher dachtest, dass es schwer und langsam geht.**

Die Innere Lichtkriegerin ist sehr schnell. Das ist eine **sehr schnell zirkulierende Energie**. Sie bringt unglaublich viel **Lebenslust – Lust, etwas Neues auszuprobieren, dich zu erfinden in dem, was du tust, in deinem Wirken**.

Sie unterstützt dich darin,

* für deine Meinung einzustehen,
* dein Licht nach außen zu tragen,
* dich nicht zu verstecken,
* dein Licht nicht unter den Scheffel zu stellen.

Sie fördert dein Selbstvertrauen. Für all dies kann die Innere Lichtkriegerin eingesetzt werden und lässt sich auch relativ einfach erreichen. **Sie freut sich sehr, wenn sie eine Aufgabe zugeteilt bekommt.**

Die Innere Lichtkriegerin ist eine sehr wichtige Energie, um deine Ziele zu erreichen!

Der praktische Teil

Eine Kiste voller wertvoller Werkzeuge

Bewusste Veränderung
Unsere Persönlichkeit ist es, die sich ganz direkt auf unsere persönliche Realität auswirkt. Unser Umfeld spiegelt uns genau das wieder. Deshalb kehre auch ich immer wieder zu den Grundlagen meiner Veränderungen zurück.
Ich beobachte, wenn ich in meinem Leben irgendwo feststecke, wieder sehr aufmerksam meine derzeitigen Gedanken, Gefühle und Verhaltensweisen und richte mich dann wieder ganz bewusst auf mein Ziel aus.

Die richtige Zeit für Veränderung ist dann, wenn uns irgendwas nicht gefällt, wenn wir uns nicht mehr wohlfühlen bei dem, was wir leben oder tun.

Warte also nicht darauf, dass dich das Leben dazu auffordert oder gar zwingt, sondern mache dir bewusst deinen Helden*Plan und beginne bewusst mit einer Veränderung.

Helden reisen bewusst!
Dann geht's viel leichter und geschmeidiger. Kaum einer weiß das besser als ich ;)

Dein Seelengarten

In jedem Menschen - ganz gleich ob er sich spirituell entwickelt oder noch unbewusst lebt - gibt es ein energetisches Feld, das ich liebevoll meinen Seelengarten nenne. In vielen Menschen liegt dieses Feld brach und wird nicht genutzt. Da du dies hier liest, darfst du dich nun auf deine Innere*Welt*Reise begeben und deinen Seelen- oder Zaubergarten aufsuchen. (es bleibt dir überlassen, wie du dieses magische Feld nennen magst :)

Der Innere Seelengarten ist eine Energie, die überall in deiner Lichtstruktur zu finden ist. Sie zirkuliert und du kannst dir diese Energie bewusst zu dir ziehen. Wenn du dies bewusst tust, öffnet sich dieses Feld und es ist, als ob die Sonne aufgeht.

In meinem Seelengarten ist energetisch so vieles eingebettet: Zentral steht zum Beispiel, auf einem Hügel, mein Seelenbaum, den ich immer dann aufsuche, wenn ich Ruhe brauche vom turbulenten Alltag. Doch gibt es auch noch den Tempel der Visionen, den Berg der Hoffnung, der See meiner Wünsche, die Höhle der Stille … und vieles mehr.

Dort gibt es viele magische Felder, hier reite ich meine Drachen oder gehe mit meinem Einhorn im Zauberwald spazieren. Es ist ein magischer Ort der puren Freude und ich kann hier wirklich alles machen, wonach mein Herz und meine Seele begehren.

Das ist wirklich etwas sehr Schönes und es hat einen guten Grund, warum es diesen „Zaubergarten" gibt. Hierzu nehme ich dich jetzt mit auf einen >Timeline-Ausflug< … bis hin in die Zeitepoche von Atlantis.

In Atlantis waren wir über gigantisch viele Inkarnationen hinweg ausschließlich damit beschäftigt, das Licht hochzuhalten und es auszudehnen. So hatten wir nicht die Zeit und Möglichkeit - so wie jetzt - mal kurz einen Wellnessurlaub zu machen, ans Meer oder in die Berge zu fahren. Atlantis war eine wirklich anstrengende Zeitepoche, vor allem für uns Lichtkriegerinnen. Trotzdem hatten wir Auszeiten gebraucht – und diese Auszeiten haben wir uns in unserem Seelengarten genommen.

Im Unterschied zu der heutigen Zeit war es in früheren Zeitepochen so, dass dies nicht angezweifelt wurde. Du wusstest einfach, dass der Seelengarten in dir war, so musstest du nicht wegreisen, sondern konntest **in dich reisen** – und daran gab es überhaupt keinen Zweifel. Warum ich heute Innere*Welt*Reisen anbiete, ist mein Erbe aus der Zeitepoche Atlantis*;D*

Unser Magic Heilkreis für Helden findet übrigens auch in meinem Zaubergarten statt. Ich habe dort einen Heil*Raum für >meine Helden< erschaffen … zur Regeneration, zum Kraft tanken, um zur Ruhe zu kommen… und letztendlich zur Heilung.
Heilung bedeutet, wieder GANZ und VOLLSTÄNDIG zu werden - so, wie du ursprünglich einmal warst… Du kehrst zurück zu deiner

ursprünglichen Lichtstruktur, zu dem, was du immer schon warst, was du immer bist und was du immer sein wirst.

In meinem und deinem Zauber- oder Seelengarten ist also alles möglich! Und so lade ich dich jetzt ein, dass du dein eigenes magisches Zauberfeld in dir aufsuchst und es für dich einrichtest. Deiner Fantasie sind keine Grenzen gesetzt. Alles, was du dir vorstellen kannst, wird sich manifestieren.

Und wenn du dies getan hast, dann darfst du dich immer dort einfinden, wenn du Ruhe und Klarheit auf deiner Heldenreise brauchst. In dieser Ausgeglichenheit, die du dort findest, kannst du dir - und deiner persönlichen Engelsgruppe in dir - **Fragen zur Selbstreflexion** stellen, um dein Ziel - auf deiner Heldenreise ins Glück - zu erreichen.

Die Schlüsselfragen zur Selbstreflexion

Bewusste Veränderung mit ein bisschen Magic Power

Du hast genug von einer Erfahrung - die sich womöglich immer und immer wiederholt - und möchtest jetzt sofort etwas verändern.
Ein wichtiges Werkzeug hierzu sind die richtigen **Schlüsselfragen**. Je bewusster und achtsamer du die Veränderung angehst, desto schneller kommst du an dein gewünschtes Ziel.
Hierbei schalte bewusst deine Intuition ein und sei offen für die Impulse, die dir gesendet werden.Höre mit deinen Herzohren, was die geistige Welt - deine persönliche Engelsgruppe, das Universum - dir rät. Über die Kommunikation & Sprache des Universums erzähle ich dir im nächsten Kapitel.

- **Reisevorbereitung:**

Mache dir bewusst:

* Was ist das Ziel, welches du erreichen willst?
* WAS und WIE genau willst du es haben?

So sendest DU jetzt - ganz (SELBST)bewusst - den Ruf aus!

- **Bewusster Aufbruch zur Quelle:**

Du sagst: „Ich fordere eine Veränderung"

- **Wenn du bereit bist über die Schwelle zu gehen:**

FRAGE:
„Was braucht es jetzt, damit sich etwas anderes (mein Ziel) zeigen kann?"

- **Wandlung kann erfolgen** (in der finsteren Höhle), **indem du eine Absichtserklärung abgibst:**

„Ich bin bereit zur Wandlung!
Am besten gleich"... (oder innerhalb der nächsten 2 Wochen... oder noch dieses Jahr...)

- **Eine bewusste Entscheidung steht an** (Drachenprüfung)

„Ich entscheide mich für die Veränderung und handle entsprechend."

Daraufhin kann die Belohnung kommen, bzw. die Quelle entspringen.

Um die Ernte einzufahren, den Schatz zu bergen oder die Quelle zum Sprudeln zu bringen, braucht es jetzt deine Manifestation. Das heißt: Stelle dir jeden Tag das Wunschergebnis deiner veränderten Situation vor (wichtig: das ENDERGEBNIS - so, wie es am Ende sein soll). Spüre so tief und detailliert wie möglich, erlebe, wie es sich anfühlt, wenn das Ergebnis in deinem Leben angekommen ist.

Frage hierzu jeden Tag:
„Was kann ich heute tun, dass sich XY (Wunschergebnis) **zeigen kann?"** (Intuition einschalten - WICHTIG!)

Zur Inspiration für neue Wege beschäftige ich mich gerne mit großen Persönlichkeiten. **Große Persönlichkeiten sind für mich die, die bereits das erreicht haben, wo ich hin will**!
Wie haben sie gedacht und gefühlt, wie haben sie sich wohl in bestimmten Situationen verhalten?

Ich beschäftige mich damit und bin stets daran interessiert, dazuzulernen und mich weiterzuentwickeln.

Wie sieht das bei dir aus?
* Welche Heldinnen oder Helden inspirieren dich oder dienen dir als lebendiges Vorbild?
* Welche Qualitäten faszinieren dich an diesen Personen?
* Wie würde dein Leben aussehen, wenn du diese Eigenschaften selbst lebst?
* Welche Fähigkeiten möchtest du gerne entwickeln?
* Wie wird es sich anfühlen, wenn du sie gemeistert hast?

In meinen Heldenreise Coachings beginne ich häufig mit:
„Wie wäre es für dich ...“?
Das mach ich ganz bewusst, denn ich weiß, dass das den frontalen Stirnlappen im Gehirn anregt, der sozusagen der Chef in unserem Gehirn ist. Und was macht dieser Chef?
Er hat - wie ein Orchesterdirigent - direkte Verbindung zu allen anderen Gehirnarealen und wenn du ihm solche Fragen stellst, wird er das gesamte Gehirn nach Informationen durchsuchen, um die Frage zu beantworten.
Es ist praktisch wie mit den Afformationen (mit „O“ - nicht verwechseln mit Affirmationen!)

Also frage dich:
Wie wäre es für mich, wenn ich XY (Wunsch) **in meinem Leben hätte?**

Wenn jetzt genügend Schaltkreise dazu aktiviert sind, feuern sie gemeinsam die Impulse ab und in deinem Kopf entsteht das entsprechende Bild. Probier's doch einfach mal aus: D

Dein magisches Helden*Journal

Bevor du dich nun ganz bewusst auf deine Reise machst, nimm dir einen Stift und Block oder dein kleines Heldenbuch zur Hand, und dann schreibst du dir selbst einen Brief. Bedanke dich bei dir selbst, was du auf deiner Heldenreise (die du JETZT eigentlich erst beginnst!) rückwirkend alles erlebt hast und was alles Positives geschehen ist. Nutze die Kraft deiner Phantasie und schreibe dir alles auf, wie du dir diese Veränderung - deine Reise - wünschst. Datiere dir den Brief vor, so dass du diesen Brief quasi aus der Zukunft schreibst. Dann verschließt du den Brief und darfst ihn erst wieder dann öffnen, wenn du am Ziel deiner Heldenreise angekommen bist.

Ich selbst mach das immer so und habe festgestellt, dass sich (fast) alles so erfüllt hat, wie ich das in meinem Heldenbrief - aus der Zukunft - an mich selbst geschrieben hatte. (Auch einen Wunschbaum hatte ich schon im Garten... Dort hängte ich die bunten Blätter/Servietten auf:) Doch im Heldenbüchlein kann es kein anderer lesen, drum schreib ich es seither dort hinein.
Vor jeder bewussten Veränderung mach ich das so, denn jede Veränderung ist eine kleine Heldenreise, die sich nach diesen genannten Phasen vollzieht.
So nutze ich die Kraft in mir, dass ich mir alles so eingeben (programmieren) kann, wie ICH ES WILL!
Als Beispiel:
Ich wünsche mir, dass ich wieder mehr Zeit für mich haben möchte, dann reflektiere ich die Situation mit folgender Frage:

- Was hindert mich daran, dass es jetzt gerade noch nicht so ist?

Oder dieses wahre Beispiel aus vergangenen Tagen:
Mein Sohn war in der Prüfungsphase und lernte sehr wenig dafür, anstatt dessen lenkt er sich ab mit seiner PS4.
Nun schrieb ich mir in mein Heldenbüchlein auf, wie ICH mich am (Datum: Tag der Prüfung) mega darüber freue, wie Sohnemann ganz glücklich und zufrieden heim kommt und sehr stolz auf sich ist, weil er sich so gut vorbereitet hatte auf seine Prüfung. Er umarmt mich und ist mir dankbar, dass ich den Stecker gezogen habe. Er sagt sogar, dass er so froh darüber sei, dass ich mich mit Weitblick so gut um ihn gekümmert habe, als er es nicht selbst konnte.

Zusammen feiern wir, er wünscht sich, bei seinem Lieblingsgriechen Essen zu gehen. Diesen Termin halte ich mir frei. Ich habe ihn bereits im Kalender eingetragen .... usw.

So lenkt man Energien!
Und ich selbst fühle mich sehr gut dabei. Ich verstehe ihn ja, dass er lieber spielt, anstatt sich mit diesen Aufgaben zu befassen. Ich fühle MEINEN Stolz, dass er trotz aller Widrigkeiten der *Corona Schulzeit* die Kurve für sich bekommen hat.
Es geht immer um mich, merkst du's? Ich verändere nicht ihn, ich bleibe immer bei mir und meinen Emotionen und so schreib ich es dann auch auf. Ich freu mich für ihn, es macht mich glücklich, ihn so erleichtert und froh zu sehen... usw.

Das kannst du auch tun, wenn es um ein bestimmtes Ereignis geht. Wenn du eine bestimmte Hürde zu nehmen hast und du vorher noch nicht weißt, wie du das alles meistern und lösen sollst. Schreib es dir einfach auf. Und beachte dabei, dass du dir das Wunschergebnis so genau wie möglich notierst.
WIE WILLST DU ES HABEN?
WIE genau es zu dir kommen soll, darüber mach dir bitte keine Gedanken (auf keinen Fall! - WICHTIG!!!)
Du bestellst nur das Ergebnis, und dann achtest du auf die Impulse, die von innen und im Außen kommen. Eigentlich ganz einfach*:)*
Auf welche Art es dann geschieht, interessiert uns nicht. Doch wie das End-Ergebnis sein soll, das schreib detailliert auf.

Tipp:
Nicht nur in Gedanken, sondern wirklich aufschreiben. Denn die geschriebenen Worte sind MANIFEST! Gedanken hingegen oft noch frei. Du verstehst, gell*;)*

Manifestieren ist möglich. Das macht jeder - bewusst oder auch noch unbewusst.
Es gibt halt ein paar Feinheiten zu beachten, dass du auch bekommst, was du wirklich willst. Übung macht bekanntlich den Meister, das gilt auch hier.

Auch auf der Heldenreise geht es darum, dir das zu manifestieren, was du wirklich willst und was zu dir passt. Und je nach Art deines Wunsches, braucht es manchmal halt etwas Übung... (und Geduld;)

Mit dem Aufschreiben fängt es an. In dein kleines, magisches Heldenbüchlein, das dir die Energie 1:1 umsetzt. Denn jedes Wort ist Energie. Vielleicht kannst du jetzt ahnen, was für einen Helden*Schatz du hier in Händen hältst und was er alles in dir bewirken kann, wenn du dich auf deine innere Reise machst! Das Umsetzen kann ich dir allerdings nicht abnehmen, das musst du schon selbst tun. Doch für die Helden und Heldinnen der neuen Zeit ist das alles kein Thema. Ihr wisst schon, worauf es ankommt, gell?

Schreibst du also deine Wünsche auf, dann werden sie höchstwahrscheinlich wahr.
Wort, ich bin Wort
Kennst du das?
Hinter jedem Wort und jedem Satz steht eine Energie.
Apropos: Wie man einen Satz formuliert, sagt viel über einen selbst aus und in welcher Grundhaltung du zu deinem Leben, sowie dir selbst gegenüber hast. Helden sind nicht nur mutig, sondern auch schlau. Sie wissen dass sie ALLES verändern können!

Das Aufschreiben bringt dir gleichzeitig auch eine klare Struktur in deinen Alltag oder dein Leben. Das ist wirklich wahr! Ich kenne den Unterschied zwischen „nur Gedankenraum* und *ins Buch rein schreiben*. Du sortierst so gleich auch deine Gedanken. Und Gedanken sind Energie. Verstehst du?
In dieses Buch darfst du dir also im Vorfeld schon eine Situation reinschreiben, auch wenn du sie erst in deiner Zukunft erleben wirst. Du schreibst es so, als wenn es bereits schon geschehen ist, und du schreibst es so auf, wie du es gerne möchtest, wie z.B. dein Gespräch mit deinem Chef oder der Geburtstag deines Vaters (mit dem du dich nicht so gut verstehst) verlaufen soll. Du schreibst es so auf, als erzähltest du es einer Freundin oder deinem Tagebuch.
Auch wenn heute erst Anfang März ist, schreibst du z.B. so:

Liebes Helden*Tagebuch
HEUTE, am 22. April hat mein Vater Geburtstag. Du weißt, ich habe mich in der Vergangenheit nicht so gut mit ihm verstanden.
FRÜHER hat er immer an mir herumgenörgelt und mir nichts zugetraut.
DOCH **HEUTE** ist etwas ganz Wunderbares geschehen. Schon als ich zur Tür hereinkam, hat er mich in den Arm genommen und mir gesagt, dass es ihm leid tut. Es war ihm vorher gar nicht bewusst, dass er mich damit verletzte. Wir verbrachten einen ganz wundervollen Abend miteinander und über sein Geschenk, die Uhr, die ich ihm geschenkt habe, hat er sich sehr, sehr gefreut. Er hatte sogar Tränen in den Augen, so gerührt war er.
Und **NÄCHSTE WOCHE** sehen wir uns wieder. Wir gehen zusammen ins Theater, nur er und ich. Ich freue mich schon so sehr darauf.
Herzliche Grüße
Dein(e)
XY

Hinweis: Manchmal klappt diese Wandlung nicht sofort, doch bleib unbedingt dran und lenke so die Energie immer und immer wieder in die gewünschte Richtung!

Wenn du magst, darfst du auch in dein Heldenbüchlein Bilder einkleben von Dingen, die du in dein Leben ziehen möchtest. Was soll dir alles begegnen auf deiner Heldenreise? Wie soll sie verlaufen, deine Veränderung?
WIE WILLST DU ES HABEN?
Was soll als Ergebnis dabei herauskommen?
Alles schreibst du dir hier rein.
Auch die Dinge, die dir dann im Außen real begegnen. Situationen, Dinge, Menschen...
Zum Beispiel: Du denkst an deine Mutter und siehst plötzlich - im Außen - ständig und überall ROTE UHREN, du aber hattest eigentlich vor, ihr zum Geburtstag einen grünen Schal mit passender Handtasche zu schenken, dann schreib dir den Hinweis auf. Mach dir einen Vermerk, dass du ständig >rote Uhren< bemerkst.
Übrigens:

Dein Heldenbüchlein ist ganz alleine nur für DICH bestimmt, kein anderer hat hierzu Zugang. Also schreib hinein, WAS DU WILLST! Und achte auf deine Worte, du ahnst ja gar nicht, was deine Helden Kollegen und Kolleginnen - einschließlich ich selbst-alles schon unbedacht „bestellt" haben:))

Und nun bist du dran:
Schreibe diesen *Brief* an dich selbst.
Datum —> Zukunft
Wunsch: Wie willst du es haben?
Was soll sich verändern, was ist dein Wunschergebnis?

Wenn du das hast, dann pack deine Koffer, deinen Rucksack oder Seesack, denn es geht weiter auf deiner Reise ins Glück...

...und über welche Kanäle das Universum mit dir kommuniziert, erfährst du später noch, im Kapitel >Die geheime Sprache des Universums<.

Dein persönliches Engels*Team

Als du das erste Mal auf Mutter Erde inkarniert bist, haben dir deine kosmischen Eltern in weiser Voraussicht eine speziell für dich ernannte Auswahl an Engel mit auf deine lange Reise durch die unzähligen Inkarnationen gegeben. Wir nennen sie >deine persönliche Engelsgruppe<. Da du - wie ich auch - in das große Vergessen gegangen bist, hast du auch deine persönliche Engelsgruppe vergessen. Diese 7 Engel sind nach wie vor in deinem Lichtkörper. Bildlich gesprochen „wohnen" sie in deinem Seelengarten, den du ebenfalls vergessen hattest.
Bei den meisten Menschen schlafen sie noch. Wenn du viel mit Engeln arbeitest, kann es jedoch sein, dass der eine oder andere Engel bereits wach ist. Damit alle Engel erwachen und sie in ihrer ganzen Kraft für dich wirken können, müssen sie erweckt werden.

Jetzt in dieser Neuen Zeit möchten die Engelsgruppen ihren Menschen wieder zur Seite stehen und sie mit ihrer Kraft unterstützen.

Deine persönlichen Engel sitzen nicht statisch irgendwo links oder rechts in dir, sondern es ist ein zirkulierendes Feld aktiver,

lebendiger Lichter, die sich ausdehnen und zirkulierend „tanzen“, wenn sie angerufen werden.
Doch um es besser zu erklären, wurde grundsätzlich eine Aufteilung vorgenommen und dabei gleichzeitig deutlich gemacht, dass es keine Trennung gibt!

Sind deine Engel einmal erweckt, wirken sie mit großer Kraft für ihren Menschen. Dies hat enorme Auswirkungen für dein Leben, Wunder können geschehen.

Mein Engels*Team
Stell dir vor, ich sitze in meinem Seelengarten unter meinem zentral gelegenen Seelenbaum, der in der Mitte - wie in einem Dorf die Kirche und der Marktplatz - sehr zentral platziert ist. Dieser mächtige, wunderschöne und prachtvolle Baum steht auf einer Erhöhung, einem kleinen Hügel mit Plateau und sieht so aus wie im Film „Avatar“. Den kennst du bestimmt, nicht wahr!? Dort, unter meinem Baum, treffe ich mich immer mit meiner Engelsgruppe zur „Teambesprechung“. Manchmal gehen wir auch in das Erkenntnisfeld, das in einer meiner Seelenebenen entstanden ist.
Du kannst das gestalten, wie du das möchtest - du bist die Chefin deines Lebens.

Ich sitze mit meiner persönlichen Engelsgruppe im Kreis auf sehr bequemen Stühlen mit hoher Lehne. Sie sehen aus wie ein Thron. So stehen unter meinem Seelenbaum acht bequeme Thronsessel für uns bereit.
In der Mitte ist ein Quellsprung aus dem Urquell-Wasser des Lebens.

Wie du mit deinem Engels*Team arbeiten kannst

Mir gegenüber hat der goldene Engel seinen Platz.

Der **Goldene Engel ist wie eine Instanz,** die dafür sorgt, dass deine Absicht, deine Energie, **dein Energiefeld in dir zirkuliert.** Er achtet dabei darauf, dass es sozusagen ein geschmeidiges Zirkulieren ist.

Wie du mit deinem Engels*Team arbeiten kannst, werde ich ausführlicher im 3. Band der Heldenreise erklären, denn das ist facettenreich.

Die einfachste Möglichkeit ist, deine persönliche Engelsgruppe zu rufen und sie einfach zu beauftragen, all das zu machen, was für dich richtig und gut ist.

Doch je öfter du dich mit den einzelnen Lichtern und den verschiedenen Energiequellen, die lebendig sind und die du in dir trägst, beschäftigst, desto mehr und intensiver wirken sie.

Das ist wie beim Sport. Wenn du gar keinen Sport machst, kannst du körperlich auch keine Höchstleistung von dir erwarten. Doch alles, was du körperlich in dich investierst, steigert deine Leistungsbereitschaft.

Gerade die persönliche Engelsgruppe lebt von der Absicht und der Anrufung. Sie haben ja geschlafen. Sie waren sich nicht bewusst, bis du sie erweckt hast – außer deinem Schutzengel. Und natürlich solltest du auch ab und zu mit ihnen reden, um sie wach zu halten. Das ist auch im menschlichen Leben so, dass man miteinander kommuniziert und Erfahrungen austauscht, um sich wach zu halten und den Fluss des Miteinanders zirkulieren zu lassen – und so ähnlich ist es auch mit der persönlichen Engelsgruppe. Je öfter du mit ihnen in Kontakt trittst, desto mehr sind sie wach und bereit, etwas zu tun – und wie immer werden diese Lichter gerne mit ihren Tönen (Namen) angesprochen. Diese kannst du während deiner Heldenreise erfahren.

Der Goldene Engel,
das ist die Instanz der Göttlichkeit in dir, die für alles entscheidend ist.

Wenn du die persönliche Engelsgruppe bitten möchtest, dass sie einfach für dich tun sollen, was in diesem Moment hilfreich und gut ist, dann rufe den Goldenen Engel an und sage dem Goldenen Engel:

„Die Persönliche Engelsgruppe soll für mich wirken – so, wie es zu diesem Zeitpunkt für mich richtig und gut ist und was mich am besten unterstützt.“

Die geheime Sprache des Universums

Ein wichtiges Werkzeug auf deiner Heldenreise ist, die Geheimsprache des Universums wieder bewusst wahrzunehmen und zu verstehen, was das Universum - dein persönliches Team - dir mitteilen will.

Du kannst dir sicher sein, dass das Universum den ganzen Tag über mit dir spricht, rund um die Uhr - selbst in der Nacht, über unsere Träume. Der Kontakt zu deinem Inneren Helfer*Team ist eine ganz natürliche Angelegenheit. Das Problem ist nur, dass die wenigsten sich dessen bewusst sind. Und selbst wenn sie es wissen, ignorieren sie es oder tun es als Zufall ab. Es ist, als spräche die geistige Welt über eine Geheimsprache mit uns.

Wenn wir das Universum verstehen, betreten wir einen völlig neuen Bereich. Wir öffnen uns diesem Feld, das ich jetzt mal unser >Schöpferfeld< nenne. Der Zauber und die Magie des Universums sind hier voll entfaltet.
In unserem Alltag geht diese Zauberkraft gerne verloren - irgendwo zwischen Hamsterrad, gut funktionieren zwischen Familie und Beruf, Wohnung putzen, Einkäufe erledigen, Social Media und Fernsehen. Bestimmt kennst du das auch - alles andere ist wichtiger und für deine Schritte bleibt keine Zeit.
Keine Zeit für Spiritualität ist der Schwellenwächter Nr. 1 und das verdrehteste Mindset, dass es überhaupt gibt.
Denn SPIRITUALITÄT IST DAS LEBEN!... Wenn du dich also mal wieder in der Dualität verirren solltest und meinst, du hättest gar keine Zeit für deine neue Morgenroutine oder deine Meditation, die dir eine neue Gewohnheit mit neuen Gehirnverknüpfungen anlegen soll, dann muss ich dir leider sagen, dass du dich gerade in einer Sackgasse befindest. Aber sei's drum, jetzt weißt du es ja wieder und kannst deinen Kompass neu ausrichten - Bewusstsein ist der 1. Schritt der Wandlung;)

Damit auf deiner Reise die Kommunikation mit deiner Seele - und deinem geistigen Helfer*Team, deiner persönlichen Engelsgruppe - gut funktioniert, werde ich dir jetzt einiges über die universelle Kommunikation erzählen.

Vorab ist mir wichtig nochmals zu sagen, dass es auch hier kein richtig und falsch gibt. Jeder hat eine ganz eigene Art der Kommunikation, worüber du am besten zu erreichen bist, darfst du jetzt herausfinden.

Ich persönlich rede mit der geistigen Welt - ganz gleich mit welcher Ebene - wie mit dir. Es ist eher ein Gespräch, eine Unterhaltung - mal mit, mal ohne Worte. Die Kommunikation geht über das Herz, ich höre mit dem Herzen und empfange Bilder, Worte, Sätze, Szenen... Ich weiß dann einfach, was sie meinen. Wenn ich etwas nicht weiß, dann frage ich nach. Manchmal kommt nochmals eine Erklärung, manchmal aber auch nicht. Je nachdem, ob ich selbst noch etwas erkennen soll, darf und muss. Die Selbsterkenntnis gehört mit zur Weisheit mit dazu. Die Weisheit entsteht aus dem Wissen und dem Fühlen, also wenn du das Wissen fühlen kannst. Erst dann kommt ein Erkennen und aus dieser Erkenntnis wächst die Weisheit.
Ich fühle also das Gespräch zwischen uns, kombiniert mit Bildern, die ich sehe und Worte und Sätze, die mir plötzlich dazu ein-fallen.

Sehr viele Menschen wissen sehr viel (5. Entwicklungsebene). Nicht ganz so viele haben ein Gefühl zu dem Wissen (das entwickelt sich auf der 6. Entwicklungsebene). Auf der 7. Entwicklungsstufe folgt das Erwachen, indem sich dein Wissen (5) und dein Fühlen (6) vereinen. Dort erweitern sich dein Raum und deine Möglichkeiten enorm. Man kann auch sagen, das Universum öffnet sich für dich in einer Tiefe, die du bisher nicht für möglich gehalten hast.

- Du weißt und fühlst also, dass da etwas jenseits der sichtbaren Welt ist, das immer für dich da ist.
- Da ist etwas, das dich - bereits von der 1. Stufe an - zu leiten versucht. Babys und Kinder (der Entwicklungsstufen 1 & 2) sehen diese geistige Ebenen noch, Tiere übrigens auch.
- Da ist etwas, das dir den Weg zu deinem Seelenplan - zu deinem Herzensglück - zeigen möchte.

Du spürst, dass da mehr ist - und was machst du?

Die meisten laufen dennoch weiter im Hamsterrad und suchen im Außen nach ihrem Glück. Sie verstehen die Zeichen und Hinweise nicht, weil sie die Sprache des Universums nicht verstehen und „lesen“ können.

Gerade in diesen verrückten, spannenden und höchst interessanten Zeiten ist es wichtig, ganz bei dir anzukommen.

> SOS liebes Universum,
wir wollen weder manipulierbar noch berechenbar sein,

- WIR wollen Wunder
- WIR wollen Magie

Wir sind keine Opfer,

- WIR sind Schöpfer

Und deshalb wollen wir punktgenau manifestieren lernen und ganz bewusst unser Traum*Leben gestalten. Hierfür brauchen wir eure Hilfe! <

Also mal ehrlich, wenn wir doch wissen, dass das Universum ständig um uns herum ist, uns führt und lenkt, mit uns kommuniziert und Zeichen und Botschaften sendet, dann sollten wir schon auch so freundlich sein und unser Herz dafür öffnen, meinst du nicht auch?

Machst du mit?
Magst du auch - rund um die Uhr, 365 Tage im Jahr - ganz bewusst Botschaften und Zeichen vom Universum bekommen? Dich von ihnen führen lassen zu deinen Zielen und der Erfüllung von all deinen Herzenswünschen? Genau das wird geschehen, wenn du darauf vertraust.
Apropos vertrauen.
Der 1. Helden*Schritt im 1. Meilenstein heißt nicht ohne Grund:
>MONA `OHA - ohne (Selbst)Vertrauen geht's nicht<

Vertrauen ist die Grundlage von allem
und
>MONA `OHA< ist Lichtsprache und bedeutet: Vertrauen.

Die Lichtsprache

Die Lichtsprache kannst du auf der Reise der 36 Schritte ins Erwachen wieder lernen. Doch auch in den 12 Meilensteinen ins Glück bekommst du die gängigsten Lichtkristalle mit Kombinationen und wertvollen Rezepturen für deine Heldenreise in deinen „Werkzeugkoffer".

„Universisch" oder „kosmisch" - sprich: die Lichtsprache - zu lernen ist übrigens ganz einfach, es wurde uns praktisch mit in die Wiege gelegt. Es ist etwas Ursprüngliches, was wir in unserem großen Wissens- und Weisheitsschatz eingebettet haben.

Der
1. Meilenstein
legt dir für die Lichtsprache eine Grundlage.
Kompakt zusammengefasst kann man sagen:

- Die Lichtsprache sind Töne, Frequenzen und Schwingungen aus dem höchsten Licht.
- Jedes Wort ist himmlisch und unsere Zellen erinnern sich wieder an das, was wirklich ist.
- Sie ist gleichzusetzen mit unserer aller (ursprünglichen) Muttersprache.

… aus dem universellen Raum, woher wir alle - als Seelenlicht - einst kamen und wohin wir auch bisher immer zurückgekehrt sind, wenn wir den Planeten wieder verlassen haben.

Die Lichtsprache mit universellem Akzent
ist die Sprache, die uns mit dem Universum verbindet.

Und nun werde ich dir weitere Kommunikations*Tipps geben. Wir müssen hierzu nur einige Muster umschiffen, Hindernisse überspringen und einige universelle Gesetze beachten.

Die Sprache des Universums verstehen

oder

Wunscherfüllung - die Bestellung beim Universum

Die meisten bestellen beim Universum, setzen sich dann hin und warten gespannt auf die Lieferung. Bei den meisten kommt die Bestellung aber nicht an und ich will dir sagen, warum das so ist.

„Reicht es denn nicht, seinen Wunsch ans Universum zu übergeben?" magst du dich jetzt vielleicht fragen.

Es reicht, insofern du mit deinem Bewusstsein in den höheren Ebenen Zuhause bist, denn ab Level 7 denkst, sprichst, verstehst und lebst du „die Sprache des Universums"*:)* Dort interessieren dich die momentanen Begebenheiten und Dramen auf unserem Planeten nicht mehr im Detail. Du blickst aus einer anderen Perspektive und Haltung heraus auf die Ereignisse und lässt dich emotional nicht mehr in diese Spielfelder mit hineinziehen.
Das heißt: wenn du

- deine Wunschbestellung klar formulieren kannst (und sie nicht gleich wieder durch Zweifel oder Änderungen stornierst),
- du deine Intuition anschaltest und dein Herz öffnest,
- du die Zeichen des Universums bemerkst und erkennst

und

- sie richtig deuten kannst

und

- ihnen dann folgst,

dann kann dein Wunsch sich manifestieren und erfüllen.

Was passiert also, wenn du wieder kosmisch/universisch, also die Sprache des Universums sprechen würdest?
Du kennst die Antwort bereits...
Du verzauberst magisch dein Leben!

Alles Zufall oder was?
Manche glauben, es sei Zufall oder Schicksal, wenn ihnen etwas in ihrem Leben begegnet oder widerfährt. Allein im Wort liegt die Bedeutung schon drin - es fällt dir etwas zu, na so ein glücklicher (oder manchmal auch unangenehmer) Zu-fall.
Der Zu-fall ist die Art des Universums, dir etwas zu-fallen zu lassen. Ein-fallen geht auch. Bei einem genialen Einfall hat das Universum ebenfalls seine >Magic*Fingers< im Spiel.

Wir gehen grundsätzlich immer vom Besten aus, denn:

das Universum ist immer FÜR DICH (da)**!**

Für dich und dein Leben! Es setzt alles dran, dass dein Leben rundum erfüllt für dich wird.

Deshalb möchte ich dich jetzt sensibilisieren für eure Kommunikation, die ihr miteinander führen könnt. Und so lass uns mit dem Entschlüsseln beginnen...

Die Schlüssel der universellen Geheimsprache

Das Universum - also deine persönliche Engelsgruppe oder dein Inneres Helfer*Team (nenne es einfach, wie du willst) - spricht über viele verschiedene Kanäle mit dir.

Kanal 1 - dein wundervoller Körper
Über dein Körpergefühl kannst du Botschaften empfangen, z.B.
- wenn es mal zwickt, kribbelt oder kitzelt

oder
- wenn dir ein Schauer über die Haut rennt

oder
- wenn du dich komisch oder gar schlecht fühlst

oder
- wenn du das Gefühl hast, dich berührt jemand oder klopft dir auf die Schulter...

usw.

Während die Gänsehaut-Welle oder das Klopfen eher ein Aufmerksam machen oder die Bestätigung auf „DAS ist es“ oder ein Hinweis auf „alles okay“ ist, ist das Unwohlsein eher die Bitte deines kosmischen Teams, dass du deine Gedanken ändern sollst. Negative Gedanken und Gefühle, dicke Luft und schlechte Laune entfernen dich vom Universum und es führt dazu, dass du dich schlecht fühlst. **Deine Gefühle dienen dir als Kompass**.

**Sobald du ein Gefühl der Schwere empfindest,
betrachte es als Zeichen!**

Dein geistiges Team - das Universum - fordert dich dazu auf, deine Gefühle und Gedanken zu ändern, damit deine Energie wieder ansteigen kann (denn negative Gedanken und Gefühle halten dich im Keller).
Also sei dir bewusst:
Ein **Schwere-Gefühl** ist immer ein Zeichen des Universums an dich, das dir sagen will: >**Richtungswechsel**< ...
>Ändere die Richtung - du bist auf dem falschen Weg, so kommst du nicht ans Ziel<

Kanal 2 - Dein goldenes Herzzentrum
Das Universum spricht sehr gerne über das Herz mit uns. Über das Herz sind wir mit ALLEM verbunden, was es gibt. Wenn du tust, was dein Herz dir sagt, dann tust du genau das, was das Universum möchte. Denn das Universum kennt deinen Plan - deinen Seelenplan. Über dein Herzzentrum ist die Kommunikation am einfachsten, insofern du es bereits geöffnet hast.
Dein Herzgefühl zeigt dir immer den richtigen Weg. Dein Bauchgefühl ist mit dem Universum verbunden, doch dein Herzensband ist es noch mehr - es ist undurchtrennbar und mega stark.

Kanal 3 - Dein Bauchgefühl
Ein grummeln im Magen ist nicht immer der Hunger, der sich meldet. Ein ungutes Bauchgefühl spürst du in der Magengegend (das ist der 3. Energiewirbel >Solarplexus<, der sich dort meldet), was der Wink des Universums ist, einen anderen Weg einzuschlagen.
Das gute Gefühl zeigt dir, dass du auf dem richtigen Weg bist, dass die Richtung stimmt und deine Entscheidung (für dich) richtig ist.

Nochmal im Überblick:
Ungutes Bauchgefühl = anderen Weg einschlagen
Gutes Bauchgefühl = richtiger Weg, geh weiter, die Entscheidung passt

Achte deshalb immer auf deinen Solarplexus, welches Gefühl sich dort bemerkbar macht. Lenke einfach deinen Gedanken dorthin und spüre nach. Dieses Zentrum ist sowas von schlau! Es ist wie unsere unsichtbare Nabelschnur, die uns mit dem Universum verbindet. Neben unserem Herzen (Herzzentrum) ist dieses Energiefeld einer unserer besten Berater, also achte bitte immer - ganz bewusst - auf dieses wertvolle Gefühl. Du kannst auch direkt dem Universum eine Frage stellen und darauf achten, welche Antwort sie dir in dieses Zentrum schicken. Probiere es doch einfach mal aus…

Kanal 4 - Gelingen & Nichtgelingen
Wenn du alles dafür getan hast, dass eine Sache oder Angelegenheit gelingt und es klappt trotzdem nicht, dann hat das einen guten Grund. Meist erkennen wir ihn erst hinterher, doch irgendwann macht alles Sinn. Deshalb MONA OHA - vertraue darauf, dass zur richtigen Zeit das genau für dich Passende da sein wird. Wenn etwas nicht gelingt, dann ist das also kein Misserfolg, sondern ein Zeichen oder eine Botschaft vom Universum, dass es einen noch besseren Weg (Arbeit, Wohnung, Pferd, Partner...) für dich geben wird.
Merke:

Es gibt grundsätzlich keine Misserfolge!!!

Es gibt nur Botschaften... und vielleicht braucht es einfach noch eine bestimmte Erfahrung, damit du GANZ sein kannst. Vielleicht hast du aber auch diese Erfahrung durch deine Gedanken unbewusst angezogen (reflektiere das) - denn nach dem Gesetzt von Ursache und Wirkung kann dann auch nur dieses Ergebnis dabei rauskommen. GLAUB AN DICH ist eins der höchsten Gebote in den Spielregeln des Lebens.
Vielleicht würde dein Leben aber auch in eine andere Richtung laufen, wenn diese Sache jetzt gelingen würde oder du in diesem Bereich jetzt erfolgreich gewesen wärst?

Wobei wir uns immer sicher sein können ist:

Das Leben ist grundsätzlich immer FÜR DICH!
und
Das Universum weiß, welches das richtige Leben für dich ist!

Kanal 5 - Türen & Tore
Türen und Tore sind wertvolle Wegweiser für uns, sie sind symbolisch - als Metapher - zu betrachten.

- Türen, die sich leicht öffnen lassen, sind ein Zeichen des Universums, das dir sagt: „Jaa, komm herein, hier gehts lang."
- Wenn du merkst, dass eine Türe verschlossen ist, dann lass sie zu und versuche sie auf keinen Fall mit übergroßem Kraftaufwand oder gar Gewalt zu öffnen.

- Solltest du das Gefühl haben, ständig vor verschlossenen Türen zu stehen oder gegen geschlossene Türen zu laufen, dann sagt dir die geistige Welt damit, dass diese Türe (zu einem Projekt, Platz, Arbeit...) nicht gut geeignet bzw. dass das, was dich hinter der Tür erwartet, nicht gut für dich ist.
- Verschlossene Türen halten dich von etwas ab und schützen dich. Aber...

das Universum führt dich garantiert zu einer Türe, die besser für dich geeignet ist!

Da gibt es bestimmt eine andere Türe, die offen ist - und dieser Weg ist dann auch der richtige für dich.

Kanal 6 - das *Dings* mit den Zufällen

Nochmal kommen wir zu den Zufällen in deinem Leben. Das Universum sorgt garantiert immer dafür, dass du die richtigen Informationen erhältst. Manchmal nimmt es dann den „Zu-fall" zu Hilfe.

Ein Zufall ist die Art des Universums, dir etwas zu-fallen zu lassen, was unbedingt zu dir soll.

Kanal 7 - Deine Mit*Menschen

Über Menschen spricht das Universum auch gerne mit uns. Zufällig spricht dieser Mensch genau das aus, was du als Frage ins Universelle Feld hineingegeben hast.

Er antwortet als Sprachrohr fürs Universum auf deine gestellte Frage.

Und ist dir das auch schon aufgefallen, dass genau die richtigen Menschen in deinem Leben auftauchen, die perfekt in dein Projekt, in deinen Lebensabschnitt und Situation passen? Menschen, die dir genau den richtigen Rat, die richtigen Hinweise oder Infos geben können, die du gerade brauchst? Auch das ist kein Zufall, denn diese Menschen wurden von deinen Inneren Helfern gelenkt. Warum sonst wohl seid ihr euch begegnet?

Das Universum schickt sehr gerne die zu dir passenden Menschen!

Wohlgemerkt: nicht immer sind sie uns angenehm. Entweder sie spiegeln DICH SELBST im Außen (deine Verhaltensweisen, deine Glaubenssätze, deine Gedanken, dein Herz) oder sie helfen dir zu wachsen. Jede Begegnung - ganz gleich ob angenehm oder unangenehm - ist ein Spiegeln, und jedes Spiegeln ist ein Wachsen;)

Kanal 8 - Bücher, Plakate, Werbeanzeigen, Posts, Lieder, Zeitschriften, Filme, Regenbögen...

Alle Hinweise und Informationen die du brauchst, bekommst du! Alle Möglichkeiten werden vom Universum genutzt, deshalb sei einfach offen und achtsam, was dir auf deinem Weg - in deinem Alltag - begegnet.

Ganz besonders wertvoll ist es, wenn du eine Frage an dein Team gestellt hast. Ich spreche in den Reflexionszeiten ganz konkrete Dinge an. Zusammengefasst stelle ich dann eine Frage wie z.B.

>“Was kann ich heute dafür tun, um in dieser Angelegenheit weiter zu kommen?“<
oder
> „Was braucht es noch, damit sich das Ergebnis (mein Ziel), ganz schnell zeigen kann?“<

Und dann geh ich achtsam durch den Tag.

Die Botschaft springt mich meist direkt an, ertönt im Radio, auf einer Litfaßsäule, wenn ich durch die Stadt laufe, auf einem Plakat, in einem Buch, das ich „zufällig“ aus dem Regal ziehe und ein bestimmtes Kapitel aufschlage... usw.

Wenn du gut bei dir bist und achtsam durch den Tag gehst, funktioniert die Kommunikation ganz gezielt und oft sehr konkret. Manchmal dauert es auch einige Zeit und die Antwort kommt, wenn du schon gar nicht mehr daran denkst. Und hier kommt dein Helden*Journal (Tagebuch) ins Spiel.

Ein Tipp am Rande:

Aus der Erfahrung heraus rate ich dir: >Schreibe dir deine Fragen am besten auf.<

Hierfür hast du dein Helden*Journal. Schreib die Frage auf und darunter dann die Antwort, die du als Botschaft, Nachricht, Hinweis oder Info erhalten hast. Das Universum spricht gerne auch in Rätsel und liefert dir Puzzlesteile.
So trainiert es mich ständig…
… und wenn ich mir meine (vielen) Fragen nicht aufschreibe, weiß ich oft nicht mehr genau, was ich genau gefragt habe und kann die Antworten womöglich auch nicht mehr so einfach wieder zuordnen :))) Wenn du also auch so ein bewegtes Abenteuerleben mit vielen Themen, in den unterschiedlichsten Rollen führst wie ich, dann SCHREIB (hahaha), sonst kommst du echt durcheinander.

Kanal 9 - plötzliche Ideen, Geistesblitze und spontane Einfälle
Woher glaubst du, dass deine Geistesblitze kommen? Natürlich ist das der Funker deines Inneren Helfer*Teams, der dir diese Idee „ein-gegeben" hat. Das macht er übrigens viel öfters, als du denkst. WIR sind es jedoch, die sie wieder verwerfen oder ihnen nicht weitern nachgehen, und somit gehen sie im Alltag wieder verloren.

Kanal 10 - im Land deiner Träume
Während du denkst, dass du schläfst, kommen vom himmlischen Botendienst sämtliche Botschaften zu dir herein. Die Bilder im Schlaf, die sich ab und an auch mischen mit Erlebnisse aus deinem Alltag, welche du im Traum verarbeitest, sind sehr bedeutungsvoll. Sämtliche Hinweise und wichtig Nachrichten sendet das Universum über den Traum - insofern du dafür empfänglich bist, natürlich.

Damals, vor meiner Heirat, gab es klare Botschaften. Ich sah mich im Traum in einem vergilbten Stofffetzen, was mein Brautkleid war und ich weinte und war sehr unglücklich. Eindeutiger gehts nicht mehr, doch ich ignorierte es und heiratete trotzdem. Das Ergebnis war: „Wer nicht hören will, muss halt die Erfahrung des „Scheidens" erfahren", die letztendlich anstrengender war als das NEIN zu dieser Ehe. Er war ein wirklich netter Kerl, ein wirklich guter Freund, doch das allein reichte nicht aus... ALSO: Eindeutiger geht`s nun wirklich nicht mehr - nur darauf hören sollte man schon;)))

Als der Vater meiner Kinder in mein Leben trat, sagte ich zu ihm: „Ich heirate dich nur, wenn die Botschaften mir das klar sagen.“ Mein heutiger Ehemann tat in der Nacht vor unserer Hochzeit kein Auge zu. Er wusste, dass ich es ernst damit meine.
Doch die Botschaften waren eindeutig. Ich träumte von einer Lawine, die brachial vom Berg runter, direkt auf mich zukam. Ich spürte die Wucht der Schneemassen, doch sie konnten mir nichts anhaben. Sie erreichten mich nicht, weil ich in einem Glashaus saß. Ich war in absoluter Sicherheit.

Und genau so war es auch. Im wahrsten Sinne war ich
1.) unglücklich und traurig in meinem vergilbten Kleid, in dem ich mich nicht wirklich wohl fühlte und
2.) brachen in meinem Leben familiäre „Lawinen-Massen“ über mich herein, die der weiße Ritter an meiner Seite bestmöglichst abfing. Direkt am Hochzeitstag kam eine gewaltige Lawine... und ER bot mir Sicherheit und Schutz (heidenei, das war ein Ding).
Manchmal übertrieb er es dann auch etwas arg mit seinem Beschützerinstinkt, doch das konnten wir im Laufe der Jahre auch wieder drehen (puuh:)))

Übrigens:
Die geistige Welt kündigte mir auch über die Traumebene jedes meiner Kinder an. Sechsmal. Zweimal dann auch wieder den Abschied (den ich jedoch wieder mal nicht hören wollte und tat es ab).

Wenn ich von Särgen träume, ist es mir immer sehr mulmig zumute. Doch so „wusste“ ich es vorher, dass meine Mutter ihre Heimreise antrat, noch bevor ich von ihrer Krankheit erfuhr. Jedoch erst im Nachhinein war es klar, denn wer in dem Sarg drin lag, wurde mir nicht gezeigt. Es hätte also auch jemand anderer sein können...

Was ich damit sagen will:
Sei offen und achte darauf, was dir gesendet wird. Es sind Botschaften, die dir auf deinem Lebensweg helfen sollen.

Und wisse: Wenn du gewisse Botschaften bekommst, die dich fordern, dann ist das durchaus normal. Du bekommst jedoch nichts übermittelt, mit dem du in eine Totalüberforderung kommen würdest. Wir erhalten immer nur das, was wir auch schultern können! Dass es uns fordert ist klar (wir sollen und wollen ja wachsen).
Und falls du mit manchen Themen tatsächlich überfordert wärst, dann bin ich ja auch noch da. Genau dafür sind Mentoren da - alleine bist du niemals!

PS. Wenn ich emotional befangen bin (z.B. bei meinen eigenen Themen), dann hole ich mir auch Rat von einer neutralen Person meines Vertrauens. Das hilft enorm.

Kanal 11 - Intuition, deine innere Stimme
Je mehr du dich im Universums*Modus befindest und dich dort aufhältst, umso klarer hörst du deine innere Stimme, über die deine Intuition mit dir spricht. Dein 7. Sinn ist wach und in Wirklichkeit ist es das Universum, das dir hier zuflüstert. Du kennst diese Stimme, die dich warnt und manchmal auch konkrete Hinweise gibt. Du hast hier auf einmal dieses unbeschreibliche Gefühl und weißt, was zu tun ist.

Hierzu erzähle ich dir wieder eine Episode aus meiner eigenen Lebensgeschichte:

An diesem Apriltag war das Wetter unbeständig und unser „Großer" mit seinen 21 Monaten - der das Ebenbild seines Vaters war (und immer noch ist:) und als wilder Naturbursche seine Welt erkundete - wuselte durchs Haus. Die Nachbarin kam mit ihrem ruhigen und zarten 2-Jährigen zum Welcome*Baby*Besuch. Ich stillte gerade meinen 2. Sohn, er war gerade erst ein paar Tage alt, als ganz unerwartet der Papa meiner Rasselbande nach Hause kam und fragte, wo denn unser „Großer" sei und warum die Türe offen stünde. Bisher konnte klein Tom die Türe gar nicht öffnen, doch mein schlaues Kerlchen holte sich mit seinem Kumpel einen Hocker, stellte sich drauf und - schwups - weg waren die beiden Schluries.

Wir wohnten damals in einer Doppelhaushälfte in einem familiären und sehr ruhigen Wohngebiet, in dem es einen kleinen Spielplatz gab, an dem die beiden öfters miteinander spielten. Normalerweise wäre es logisch gewesen, zuerst nach links - auf die Spielstraße und den Spielplatz - zu gehen. Doch „Papa" entschied - ohne den Grund hierfür nennen zu können - anders. Er ging schnurstracks HINTERS Haus (dort war nur der Eingang zur Einliegerwohnung, die Mülltonnen und ein Fleckchen Rasen ... also völlig unlogisch, weil wir uns dort nie aufhielten). Durch eine dichte und sehr hohe Zypressenhecke hatten die Nachbarn ihr Grundstück abgegrenzt. „Papa" drückte sich durch die dichten Zypressen durch und stand in Nachbars Garten und entdeckte den Teich, in dem unser Sohn gerade um sein Leben kämpfte.
Wir wussten bis dato weder, dass es dort einen Mini Durchgang (für Zwergenkinder) in diesen Garten gab, noch wussten wir von einem Teich, doch die beiden kleinen Naturforscher fanden das wohl ruckzuck heraus. Ihren Sandeimer mit Schaufel und Co hatten sie mit dabei, die lagen am Rand des Teichs. Der zarte Kumpel stand mit seinem Eimerchen in der Hand am Beckenrand und schaute sehr erstaunt, er hatte keine Ahnung was da gerade passiert und warum der „Papa" mit samt seinem Anzug (er kam ja gerade von der Arbeit) in den Teich sprang und unseren Sohn aus dem Wasser zog. Triefnass und bedröppelt kamen alle Drei ins Haus zurück.

Und so frage ich dich:
Warum ist ER ohne zu zögern und auf direktem Wege nach RECHTS abgebogen?
Warum ist ER hinters Haus und nicht vors Haus, wo wir uns immer aufhielten?
Warum ist ER schnurstracks durch die Hecke?
Warum warum warum...
ER konnte es sich selbst nicht erklären, er wäre wie ferngesteuert gewesen, sagte er.
Ich sage:
Folge deiner Intuition. Die Intuition ist schneller als der Gedanke, sie kommt von innen heraus. Du kannst sie nicht erklären, sie ist einfach da.

Das Universum - dein persönliches Helfer*Team aus insgesamt 21 Wesenheiten - ist immer an deiner Seite.

Kanal 12 - Intuitives Kartenlesen
Manchmal kommt man in Situationen, da möchte man gerne etwas greifbares SEHEN und ggf. bestätigt bekommen, was das Bauchgefühl und die Intuition dir rät. Oder bei konkreten Fragen ist das Lesen in den Lenormand*Karten mir eine wertvolle Unterstützung. Im besonderen, wenn es um zwischenmenschliche Beziehungen geht, bringt mir das intuitive Kartenlesen viel Klarheit, auch in der Helden*Sprechstunde. Ich mache eine Familien*Aufstellung mit meinen Helden, wie man es nach Hellinger kennt, nur eben mit Karten. Über dieses Thema lernte ich auch Angelina Schulze kennen, die mir das Kartenlesen lehrte. Gemeinsam schrieben wir dann 3 Bücher mit Speziallege*Systemen, die Angelina entwickelt hat und ich die Deutungshilfen zu allen 36 + 4 Lenormandkarten ausgearbeitet habe.
So entstanden die Bücher:

- Die Göttin in dir erwecken
- Träume verwirklichen und das Energiefeld stärken
- Verbindung mit den Engeln, Höheres Selbst oder Jenseitskontakt

Wobei wir bemerkt haben, dass einige Menschen andere Gedanken und Vorstellungen zu „Jenseitskontakte“ haben als wir. Wir verstehen darunter die Verbindung zur geistigen Welt... Jenseits des Schleiers... wie ist der Kontakt zur anderen Seite... In die göttliche Quelle eintauchen...

Wie ist also dein Kontakt zum Universum? Was kannst du dafür tun, um noch mehr Kontakt zu ihm zu bekommen oder ihn zu stärken?
All das kannst du anhand der Karten für dich herausfinden.
Selbst als Karten-Lese-Anfänger, denn anhand der Deutungshilfen kannst du nachlesen und dir Inspirationen und Ideen holen.

Träume verwirklichen und das Energiefeld stärken
(Lenormand)
ist für Menschen auf ihrer Heldenreise sehr interessant.

Träume verwirklichen und Träume leben, wer möchte das nicht. Doch wie findest du heraus, ob es wirklich dein eigener Traum ist, den du leben willst? Wenn du ganz sicher weißt, es sind deine eigenen Träume, dann fragst du dich vielleicht „wie Träume wahr werden", also was du dafür tun kannst, welche Schritte dazu nötig sind?
Und jetzt wird es spirituell – Ist dein Energiefeld „Träume leben" schon genug angereichert, damit sich deine Träume verwirklichen können oder blockierst du dich da noch selbst und die Energie kann nicht frei fließen?

Außerdem kannst du hierin erfahren, was du für deine Träume tun kannst, damit sie sich schnell manifestieren können. Ein starkes Energiefeld hilft dir beim Kontakt mit dem Universum.
Je sicherer du bei und in dir bist, desto kraftvoller sind deine Manifestationen.

Die Göttin in dir erwecken
(Lenormand)
ist dann dein Thema, wenn du deine Heldenreise mit all ihren Prüfungen bestanden hast.
Das Geschenk praktisch, das du am Ende deiner Reise erhältst.
Wenn die Göttin in dir also dein Thema ist (meins war es gewiss;), dann hilft dir dieses Legesystem um herauszufinden, was du dafür tun kannst, um die Göttin in dir (die ja in jeder von uns schlummert) zu erwecken oder zu stärken, damit du in deine volle Strahlkraft kommst.

Und zur Heldenreise gibt es eine weitere Speziallegung:

Die Heldenreise als Lenormand Selbsthilfe Workbook

(Mit Durchblick leichter durch schwierige Zeiten gehen)

Verschaffe dir einen Durchblick über den Veränderungsprozess und hole dir Antworten, Tipps und Anregungen zu Fragen wie: Was macht dich einzigartig? Wo steckt dein Potenzial? Was erweckt deine weibliche Kraft? Was ist deine größte Charaktereigenschaft und deine stärkste charismatische Ausstrahlung? Was kannst du zur Stärkung deiner Heldin tun? Wodurch kommst du in deine weibliche Ur-Kraft und ins Strahlen? Wie ist der optimale

Plan? Was braucht es, damit du dein Ziel erreichen kannst? Wie kannst du deinem Schatten gegenübertreten? Hole dir Rat bei der Schatten*Fängerin und Wandlungs*Künstlerin - >Was kannst du zur Wandlung deiner Schatten*Anteile tun?<...
Worin liegt die Veränderung? Was kannst du wie verändern?... usw.

Eine Göttin hat übrigens nochmals eine andere Strahlkraft als eine Heldin.
Die Heldin strahlt Charisma aus, weil sie sich mutig den Veränderungen in ihrem Leben stellt und ihr Leben ganz bewusst erschafft. Ihre Strahlkraft ist voller Mut, Kraft und Stärke.

Die Göttin ist die strahlende Sonne selbst, das Göttliche auf Erden. Die Fleisch gewordene göttliche*Mutter oder die himmlisch*Liebende ... Sie strahlt wie die Liebe selbst, durch jede Zelle ihres Körpers. Ein inneres Leuchten, das im Außen sichtbar wird.

Womit wir wieder beim Ursprung wären und der Kreis (der Inkarnationen) sich zu schließen beginnt...

Nochmals zurück zum Ursprung

Woher kommst du, weshalb bist du hier?

Wie wir das bereits am Anfang des Buches besprochen haben, ist das die Frage, die sich Held und Heldin mit Beginn ihrer Reise stellen.
Und hier liegt auch der Weisheitskern, der erfahren und wieder gefühlt werden will. Das Wissen ist leicht zu erfragen, doch das Fühlen, um dieses hohe Wesen, das du bist, letztendlich wieder zu Sein - hier, in dieser Inkarnation, auf diesem Planeten - bereitet doch so einigen noch Schwierigkeiten. Doch wir wissen ja bereits: Jede Herausforderung - auch wenn sie schwierig ist - ist berechtigt, denn genau sie bringt dich in deine wahre Größe, Kraft und in die Eigenermächtigung.

Hierzu hole ich gleich etwas mehr aus.

Du kennst sicherlich die Frage:

Wer bist du und was macht dich aus?

Kein Held und keine Heldin kommen an dieser Frage vorbei. Sie ist essentiell.
Deshalb möchte ich dir bereits jetzt schon etwas an die Hand geben, bevor wir mit den Persönlichkeits*Entwicklungs*Stufen weitergehen. Wie schaut's aus? Magst du ein kleines Spielchen wagen? Hast du Lust, noch etwas mehr über deinen Heldinnen*Typ und seine (deine) Persönlichkeit zu erfahren?

Dann frag doch gleich mal das Universum danach*;)*

Selbstreflexion mit Hilfe der Lenormand Karten

Welcher Persönlichkeits*Typ deine Heldin in dir ist, kannst du mit dem 12. Kanal - dem intuitiven Kartenlesen - herausfinden.

Solltest du keine Lenormand Karten haben, bereitest du 40 Zettelchen vor und nummerierst sie von 1 bis 40. Gebe die Zettelchen in ein Glas oder Behälter und mische sie gut durch.

1	2	3	4	5	6	7	8
9	10	11	12	13	14	15	16
17	18	19	20	21	22	23	24
25	26	27	28	29	30	31	32
33	34	35	36	37	38	39	40

... oder du holst dir dein Lenormand-Kartendeck.

Du kannst aber auch die Online Karten von Angelina Schulze nutzen. Wie bereits erwähnt, habe ich von ihr das Kartenlesen gelernt und lege seither mit ihren Karten meine Aufstellungen. Deshalb haben wir zu den ursprünglichen und klassischen 36 Karten der Madame Lenormand 4 weitere Zusatzkarten dabei.
Hier gehts zu den Tageskarten vom Angelina Schulze Verlag:

https://www.kartenlegenlernen.info/tageskarten-ziehen

Wenn du deine Zahlen- oder Lenormand Karten soweit vorbereitet und zur Hand hast, stellst du folgende Frage:

Liebes Universum, sag mir bitte:
Was macht mich als Heldin aus?
Welches Potenzial liegt mir in meinem Heldinnen*Blut?
Was bringt mich in meine Stärke?
AN`ANASHA (Danke für die Antwort)

Nun ziehe dir intuitiv eine Karte oder eine Zahl.

Entsprechend der Zahl oder Karte, liest du jetzt die Antwort, die dir das Universum darauf gibt:

Ein Beispiel:
Du hast die Karte oder Zahl 1 gezogen, dann ist die Heldin in dir - also das, was dich als Heldin ausmacht, das Potenzial mit deiner stärksten Eigenschaft und das, was dich in deine Stärke und Kraft bringt - folgendes:

Karte/Zahl 1 - Reiter
Persönlichkeitstyp: Die aktive Heldin

Deine stärkste Eigenschaft und größte Kraftquelle:

Du bist sehr aktiv, beweglich, vital und sportlich unterwegs... Beweglichkeit und Aktivität liegt dir im Blut... sagst gerne wo es langgehen soll... hast viel Selbsterfahrung... vertraust auf deine eigene Meinung und dein Bauchgefühl... hast einen starken Willen und eine gute Ausdauer... deine Gedanken sind ständig aktiv... selbstbestimmt kannst du die Richtung angeben... du bist eine Botin und überbringst Neuigkeiten... Dates bereiten dir Freude... Abenteuerluft aktiviert die Lebenslust in dir... du sitzt aufrecht, erhaben und selbstsicher im Sattel (was deiner Haltung im Leben entspricht)... andere (wieder) in die richtige Spur bringen, ist eine große Fähigkeit von dir...

Das heißt auch: Je ***aktiver***, ***abenteuerlustiger*** und ***selbstbestimmter*** du bist, desto mehr Kraft steht dir zur Verfügung.

Karte/Zahl 2 - Der Klee
Persönlichkeitstyp: Die Glücks*Heldin

Deine stärkste Eigenschaft und größte Kraftquelle:

<u>Du</u> kannst einfach glücklich sein... hast Spaß und Freude am Leben... kannst dich auch an kleinen Dingen erfreuen ... bist stets hoffnungsvoll und zufrieden... denkst immer positiv... bist allgemein ein positiver und optimistischer Mensch... lachst viel und oft ...Glücksmomente sammelst du wie andere Briefmarken...

Das heißt auch: Je ***fröhlicher***, ***glücklicher*** und ***positiver*** du bist, desto mehr Kraft steht dir zur Verfügung.

Karte/Zahl 3 - Das Schiff
Persönlichkeitstyp: Die reiselustige Heldin

Deine stärkste Eigenschaft und größte Kraftquelle:

<u>Du</u> bist sehr weltoffen und reiselustig - innere Reisen bringen deine Energie gut in Fluss - du hast klare Ziele, Wünsche und Visionen... bist ausdauernd und geduldig... kannst auf den richtigen Moment warten und bist dabei ruhig und gelassen ... bist auf dem Weg, kannst dabei abwarten und alles auf dich zukommen lassen... wirfst Ballast einfach über Bord... hast viele Ideen, die auf deinen inneren und äußeren Reisen entstehen...
deine Sehnsucht treibt dich an, stets weiter zu gehen...

Das heißt auch: Je ***geduldiger***, ***gelassener*** und ***reiselustiger*** du bist, desto mehr Kraft steht dir zur Verfügung.

Karte/Zahl 4 - Das Haus
Persönlichkeitstyp: Die Familien*Heldin

Deine stärkste Eigenschaft und größte Kraftquelle:

Du strahlst Stabilität und Standhaftigkeit aus... gibst Sicherheit... stehst auf einer guten und soliden Basis... kannst eine Atmosphäre schaffen, in der man sich geborgen fühlt... kannst ein gemütliches Heim/ ein Zuhause schaffen... schenkst ein Gefühl von "zuhause sein"... bist ein Familienmensch... kannst etwas stabil halten... schaffst ein starkes Fundament, das dauerhaft und sicher steht... gibst Schutz und schaffst Vertrauen... bist in dir selbst zu Hause... förderst Gemeinschaft und gibst Halt... kannst dich dauerhaft und langfristig festlegen...

Das heißt auch: Je ***stabiler***, ***standhafter*** und ***sicherer*** du bist, desto mehr Kraft steht dir zur Verfügung.

Karte/Zahl 5 - Der Baum
Persönlichkeitstyp: Die naturverbundene Heldin

Deine stärkste Eigenschaft und größte Kraftquelle:

- **Stabilität** - du stehst stabil im Leben
- **Beständig** - du bist bodenständig und voller Standhaftigkeit
- **Geerdet** - deine starken Wurzeln halten dich fest am Boden
- **Naturnah** - bist naturverbunden und gut geerdet
- **Ruhe** - du strahlst eine große Ruhe aus
- **Anpassungsfähig** - bist angepasst und bodenständig
- **Sicherheit** - gibst viel Halt
- **Gesundheit/Entwicklung** - deine gesunde Entwicklung zeigt sich im Außen, so dass jeder es sehen kann
- **Wachstum** - du wächst aus dir heraus, entfaltest dich sichtbar
- **Anpassungsfähig** - du kannst dich sehr gut anpassen

Das heißt auch: Je ***stabiler***, ***beständiger, geerdeter*** und ***naturverbundener*** du bist, desto mehr Kraft steht dir zur Verfügung.

Karte/Zahl 6 - Die Wolken
Persönlichkeitstyp: Die wandelbare Heldin
(Wolken*Schieberin)

Deine stärkste Eigenschaft und größte Kraftquelle:

In dir ist Licht und Schatten vereint

Du bist eine **Wolken*Schieberin**... kannst auf Wolken tanzen und schweben... und sie auch verschieben, falls ein Gewitter droht...du bist sehr wandelbar... kannst dich gut den Bedingungen anpassen... bist veränderungsfähig... kannst in einer unverbindlichen Lockerheit bleiben... dein Leben in Leichtigkeit genießen... du kannst Unklarheiten beseitigen und viele Möglichkeiten sehen, in denen andere noch im Nebel stehen... du siehst alles nicht so düster... kannst auch mal abheben und einfach nur genießen...

Das heißt auch: Je **klarer**, **leichter** und **lockerer** du bist, desto mehr Kraft steht dir zur Verfügung.

Karte/Zahl 7 - Die Schlange
Persönlichkeitstyp: Die Heldin der Schatten
(Schatten*Fängerin)

Deine stärkste Eigenschaft und größte Kraftquelle:

Du bist eine **Schatten*Fängerin**... kennst dich aus in der Schattenwelt... Schattenanteile und die Themen dahinter erkennen, ist deine größte Fähigkeit... reflektieren fällt dir leicht ... du kannst Vergangenes gut loslassen, wodurch du Freiheit gewinnst... stellst dich den Verwicklungen und Verstrickungen im Leben... bist absolut wandelbar... schlängelst dich auf deine Ziele hin... erkennst den Sinn von Umweg und Verzögerung... kennst dich aus in Transformations-Prozessen... kannst auch gut durch andere zu Heilung und Transformation kommen... motivierst dich hervorragend durch Reize und Angebote von außen

... probierst gerne verschiedene Dinge und Methoden aus und kommst so an dein Ziel... weißt deine Verführungskünste gut einzusetzen... strahlst, wenn du dich und andere etwas heiler machen kannst...

Das heißt auch: Je ***wandelbarer*** und ***heilbringender*** du bist, desto mehr Kraft steht dir zur Verfügung.

Karte/Zahl 8 - Der Sarg
Persönlichkeitstyp: Die wandelbare Heldin (Wandlungs*Künstlerin)

Deine stärkste Eigenschaft und größte Kraftquelle:

Du bist eine **Wandlungs*Künstlerin**... stellst dich den Übergängen aller Art... andere in Übergängen zu unterstützen gehört zu deinen Stärken... du hilfst ihnen bei neuen Möglichkeiten und um den Fokus wieder nach vorne zu richten...

Transformation ist Wandlung - Wandlung heißt: Veränderung

Du bist überaus wandelbar... kennst dich aus in Transformations-Prozessen... bist auf Veränderungen durch Abschiede spezialisiert... kannst wunderbar unterstützen bei Trauer und Krankheit... du hast den Mut und die Kraft mit etwas abzuschließen... beendest das, was beendet gehört und dir nicht mehr gut tut... bringst Projekte und Dinge zum Abschluss... hilfst anderen, dass auch sie Dinge und Situationen abschließen oder beenden können...

Das heißt auch: Je ***konsequenter***, ***abschiedsbereiter*** und ***wandelbarer*** du bist, desto mehr Kraft steht dir zur Verfügung.

Beachte: Eine Ruhepause bewirkt bei dir wahre Wunder, gönne sie dir regelmäßig!

Karte/Zahl 9 - Der Blumenstrauß
Persönlichkeitstyp: Die Heldin der Freude

Deine stärkste Eigenschaft und größte Kraftquelle:

Du strahlst Schönheit aus... dein Lachen ist ansteckend und überträgt die Freude... du bist stets kreativ und ideenreich... bist vielseitig und facettenreich... liebst Feiern, Einladungen und Überraschungen... denkst immer farbig und kreativ, voller Fantasie... bist allgemein ein freudiger und optimistischer Mensch... lachst viel und oft... liebst schöne Dinge und Situationen... deine Freude zeigst du... du bist freundlich, höflich, zufrieden und hast Charme...

Das heißt auch: Je ***kreativer***, ***freudiger*** und ***charmanter*** du bist, desto mehr Kraft steht dir zur Verfügung.

Karte/Zahl 10 - Die Sense
Persönlichkeitstyp:
Die spontane Heldin für den Feinschliff
(AVATARA)

Deine stärkste Eigenschaft und größte Kraftquelle:

Du bist meist sehr ausgeglichen... bringst Dinge auf den Punkt ... kannst viel aushalten und ausgleichen... kannst unerwartet, spontan und plötzlich reagieren... stellst dich spontan den Dingen deines Lebens... entwickelst dich überraschend... fokussierst und konzentrierst dich auf das Wesentliche... machst dir konzentriert Gedanken... legst deinen Fokus zielgenau... fixierst dich auf deine Stärken und Talente... beschäftigst dich gerne mit Situationen und Dingen, die auf deine Entwicklung zugeschnitten sind... kannst eine Phase/Sache/Angelegenheit zurecht stutzen... stutzt dir Situationen zurecht, wie du sie spontan brauchst... bringst Dinge in Form... bist stets konzentriert... kannst spontan auch Verletzlichkeit zulassen... hast in der Regel auch keine Angst vor Verletzungen... kannst Sachen/Menschen/Situationen loslassen, die dir nicht gut tun... trennst dich von Menschen, die verletzend sind... kannst etwas loslassen, auch wenn es schmerzt... kannst anderen einen Feinschliff geben...

Das heißt auch: Je ***ausgeglichener***, ***fokussierter*** und ***konzentrierter*** du bist, desto mehr Kraft steht dir zur Verfügung.

Karte/Zahl 11 - Die Ruten
Persönlichkeitstyp:
Die redegewandte Heldin mit dem Ordnungssinn

Deine stärkste Eigenschaft und größte Kraftquelle:

Du kannst sehr temperamentvoll und redegewandt sein... gute Gespräche zu führen gehört zu deinen Stärken... du informierst dich gerne... machst dir viele Gedanken... kannst dir Rat einholen und auch Rat geben... durch inneren Dialog mit dir selbst, schaffst du auch Ordnung im Außen... du kannst sehr gut Ordnung in ungute Dinge und Situationen bringen... sorgst stets für geordnete Verhältnisse... bei Diskussionen behältst du deine innere Ordnung bei...

Das heißt auch: Je ***geordneter, sortierter*** und ***kommunikativer*** du bist, desto mehr Kraft steht dir zur Verfügung.

Karte/Zahl 12 - Die Vögel
Persönlichkeitstyp:
Die gesellige Heldin mit dem „Reportergen"

Deine stärkste Eigenschaft und größte Kraftquelle:

Bei jeglicher Art von Kommunikation, in der es um Neuigkeiten geht, schlägt dein Herz höher... ebenso beim Austausch mit anderen, wenn du etwas vermitteln und anderen einen Kick geben und sie motivieren kannst...

Du magst es, in Gesellschaft zu sein... wenn du aufregende und anregende Menschen, Dinge und Situationen um dich hast... du mit (kindlicher) Neugier die Welt erkundest...wenn du in Freiheit leben und das Leben genießen kannst...

Du blühst regelrecht auf bei interessanten Gesprächen und informativen Unterhaltungen, in denen „News“ ausgetauscht werden... und auch, wenn du Botschaften, Neuigkeiten und Nachrichten weitergeben kannst... Du bist eine Heldin, die dieses typische „Reportergen“ in sich trägt (wie Karla Kolumna)...

Das heißt auch: Je ***freier***, ***„neugieriger“*** und ***kommunikativer*** du sein kannst, desto mehr Kraft steht dir zur Verfügung.

Karte/Zahl 13 - Das Kind
Persönlichkeitstyp: Die Heldin des Neubeginns

Deine stärkste Eigenschaft und größte Kraftquelle:

Die Leichtigkeit in Form von unbekümmert sein, sieht man dir von weitem schon an... deine kindliche, verspielte Neugier wirkt ansteckend... ein Neubeginn jeglicher Art gehört zu deinen Stärken... mit dir beginnt immer etwas Neues... deine Natürlichkeit überträgt sich auf andere... dein Urvertrauen ist gefestigt
<u>Du</u> probierst gerne Neues aus... bist experimentierfreudig... bist gutgläubig und gehst stets vom Guten aus... kannst eine locker leichte Atmosphäre schaffen, in der jeder das Kind in sich spüren kann... bist wissbegierig und immer offen für neue Entwicklungs-Phasen... möchtest stets Neues entdecken... schenkst anderen ein Gefühl von “Offenheit und Toleranz... liebst Offenheit und gehst voller Neugier auf neue Menschen, Situationen und Dinge zu... gehst stets Schritt für Schritt weiter...

Das heißt auch: Je ***leichter, neugieriger*** *und* ***verspielter*** *(wie ein Kind)* du bist, desto mehr Kraft steht dir zur Verfügung.

Hinweis: Das Innere Kind ist ein wichtiges Energiefeld für dich! Kümmere dich stets gut um dein inneres Kind in dir, es braucht besonders viel Aufmerksamkeit und Liebe.

Karte/Zahl 14 - Der Fuchs
Persönlichkeitstyp:
Die Sherlock Holmes*Heldin mit der feinen Spürnase

Deine stärkste Eigenschaft und größte Kraftquelle:

<u>Du</u> kannst Themen, die problematisch sind, gut erkennen... stellst dich den problematischen Themen im Leben... bist absolut ehrlich... schleichst dich vorsichtig und wachsam auf deine Ziele hin... schaffst es, andere auf etwas „Falsches“ hinzuweisen... hast eine feine Spür-Nase ... kannst auch aus dem anderen das „Falsche“ herausholen... lässt dich nicht täuschen... kannst anderen in ihren Ent-Täuschungen (= Ende der Täuschung) begleiten... hast ein Talent für Detektiv-Arbeit... mit deiner Spürnase deckst du vieles auf... kannst in die Tiefe schauen... hast einen instinktiven Zugang zu tieferem Wissen und Bewusstsein in dir... erkennst, wo Leute ehrlich sind und wo sie nicht die Wahrheit sprechen... Dingen auf den Grund gehen gehört zu deinen Stärken, ebenso wie dir selbst und deinen Ur-Instinkten zu vertrauen...

Das heißt auch: Je ***ehrlicher, instinktiver*** und ***wachsamer*** du bist, desto mehr Kraft steht dir zur Verfügung.

Karte/Zahl 15 - Der Bär
Persönlichkeitstyp: Die Spezialistin und lehrende Heldin

Deine stärkste Eigenschaft und größte Kraftquelle:

<u>Du</u> hast und bist von Natur aus ein sehr kraftvolles und starkes Wesen, und strahlst diese Kraft und Stärke auch aus... du gibst Sicherheit... stehst auf einer starken und kraftvollen Basis... kannst eine Atmosphäre schaffen, in der man sich sicher und beschützt fühlt... kannst auch anderen Mut und Kraft geben... kannst dich gut und sicher durchsetzen... stehst sicher und stabil für dich und andere ein... vermittelst ein starkes, kraftvolles Gefühl... kannst für eine Sache/eine Situation/einen Menschen machtvoll einstehen... bist mutig... bist erfahren und hast eine autoritäre Ausstrahlung... kannst dich kraftvoll durchsetzen und auch mal kämpferisch die Krallen zeigen... gehst mutig voran... deiner

Macht bist du dir bewusst und bekommst dadurch Einfluss und Anerkennung... du bist eine Autoritätsperson... eine Spezialistin auf deinem Gebiet... geeignet als spiritueller Lehrer und MeisterIn deines Fachs... Rückführung in Vergangenes könnten dein Fachgebiet werden... Du gibst dein Fachwissen gerne weiter... kannst alte Fähigkeiten von früher nutzen, sie wieder (neu) entdecken... eignest dich zur Professorin und/oder Ausbilderin und gehörst in die Chefetage...

Das heißt auch: Je ***mutiger***, ***spezialisierter*** und ***machtvoller du dich durchsetzt***, desto mehr Kraft steht dir zur Verfügung.

Karte/Zahl 16 - Die Sterne
Persönlichkeitstyp: Die Heldin der Erfüllung
(Traum*Tänzerin)
Deine stärkste Eigenschaft und größte Kraftquelle:

Du hast die Qualitäten einer Traumtänzerin. Ich rede keineswegs von jenen, die nur Luftschlösser bauen, sondern von diesen, die wahre Wunder vollbringen und dir die Sterne vom Himmel holen können.
Deine größten Qualitäten sind:
Klarheit - du stehst klar und strahlend im Leben... **du** fühlst dich gut... kannst anderen dabei helfen, dass sie sich ebenfalls gut fühlen... klärst gerne Dinge und Situationen... deine Ausstrahlung ist klar und rein... Du bist dir klar darüber, dass du selbst für dein Glück sorgen kannst und welche Wünsche sich für dich erfüllen sollen... in Klarheit den Durchblick haben fällt dir leicht... du kannst das umsetzen, was dir klar ist...

- **Leuchtkraft** - du bist voller Glanz und strahlst ganz klar... es gibt für dich viele Möglichkeiten zu strahlen...
- **Glück** - du bist ein Glücksstern... du kannst dich selbst glücklich machen und löst auch in anderen Glücksgefühle aus...
- **Erwartungen** - deine eigenen Erwartungen sind hoch... du kannst sie dir selbst erfüllen und sogar übertreffen...
- **Vielzahl** - es geht immer um VIEL... du erkennst deine vielen Möglichkeiten... es gibt für dich viele Möglichkeiten, dir selbst die Sterne vom Himmel zu holen...

- **Spiritualität** - du bist stets verbunden, von Spirit umgeben… viele spirituelle Möglichkeiten ausprobieren ist dir gegeben.
- **Erfüllung** - den Zustand der Erfülltheit sieht man dir an… du strahlst eine große Zufriedenheit aus… bist dir sicher, alles wird gut…
- **Erfolg** ist dir gewiss… für andere die Sterne vom Himmel holen…
- **Göttliche Fügung** - bist stets unter göttlicher Führung und göttlichem Schutz… alles dient dir zu deinem besten…
- **Wertschätzung und Anerkennung -** deine eigene Person anzuerkennen und wertzuschätzen ist dir möglich
- **Talente** - du bist sehr medial veranlagt… du kannst anderen die Sterne vom Himmel holen und ihnen bei ihren Wünschen behilflich sein…

Das heißt auch: Je ***spiritueller, erfüllter*** und ***klarer*** du bist, desto mehr Kraft steht dir zur Verfügung.

Karte/Zahl 17 - Die Störche
Persönlichkeitstyp: Die Heldin der großen Veränderungen (Wandlungs*Künstlerin)
Deine stärkste Eigenschaft und größte Kraftquelle:

Du bist eine der mutigen Heldinnen, die für die großen **Veränderungen & Flexibilität** steht… du strahlst Veränderungsfreude aus... schaffst neue Möglichkeiten... bist sehr flexibel und für Veränderungen jeglicher Art offen... kannst dich auf Veränderungen gut einlassen... denkst über Veränderungen/Verbesserungen nach, die du dann auch umsetzt... kennst dich aus in Wandlungsprozessen... weißt, dass Veränderungen ihre Zeit haben und auch brauchen.

DU liebst die **Abwechslung** und sorgst auch stets für Abwechslung (auch wenn es anderen nicht so gut gefällt)… du bist viel unterwegs und genießt dabei die Abwechslung… kannst einen Raum schaffen, in dem es viel Abwechslung gibt… dein Verhalten und deine Meinung ändern können, gehört zu deinen Stärken…

Freiheit & Freiraum
Jegliches Gefühl von Freiheit ist dir wichtig!
<u>Du</u> schenkst (dir und auch anderen) ein Gefühl von "Freiheit"... und gleichzeitig nimmst du dir den Freiraum, den du brauchst...

Das heißt auch: Je ***flexibler, veränderungsbereiter*** und ***freier*** du bist, desto mehr Kraft steht dir zur Verfügung.

Karte/Zahl 18 - Der Hund
Persönlichkeitstyp: Die Heldin der treuen Freundschaften

Deine stärkste Eigenschaft und größte Kraftquelle:

Hilfe und Unterstützung geben ist für dich eine Selbstverständlichkeit!
<u>Du</u> strahlst Verbundenheit und Loyalität aus... gibst Sicherheit... gibst Schutz und schaffst Vertrauen... bist zuverlässlich und treu ... bist langfristig und dauerhaft ein guter Freund und Helfer... stehst anderen zur Seite... schenkst ihnen Respekt und Vertrauen... du wirkst sehr vertrauensvoll... bist vertrauenswürdig und sehr hilfsbereit... unterstützt gerne... bist ein Familienmensch... schaffst ein starkes und dauerhaftes Band der Freundschaft und Verbundenheit... kannst dir selbst treu bleiben... förderst und pflegst Freundschaften und gibst Sicherheit... pflegst mit anderen einen freundschaftlichen Umgang... kannst dich dauerhaft und langfristig festlegen... bist eine treue Frau und Freundin, Helfer und Weg*Begleiterin... hast immer Zeit für deine Freunde...

Das heißt auch: Je ***hilfsbereiter, unterstützender*** und ***vertrauensvoller*** du bist, desto mehr Kraft steht dir zur Verfügung.

Karte/Zahl 19 - Der Turm
Persönlichkeitstyp: Die Grenzgänger*Heldin

Deine stärkste Eigenschaft und größte Kraftquelle:

Du bist **eigenständig**... kannst gut für dich selbst sorgen... bist **selbstständig**... du selbst bist dir wichtig... hast einen gesunden **Ehrgeiz**... schaffst es auch **alleine**... hast viele Dinge schon alleine geschafft... kannst Dinge und Situationen gut für dich alleine regeln... kannst gut mit dir alleine sein... kannst alleine entscheiden... zeigst anderen, wie man auch alleine klar kommen kann...
Dein **Grenzgänger-Gen** macht dich besonders:
Du kennst deine **Grenzen**... bist eine Grenzgängerin... setzt dich schon auch mal über Grenzen hinweg... kannst meistens Grenzen setzen... bringst anderen bei, wie er Grenzen setzen kann... kannst genügend Abstand wahren... bist ein universeller Grenzüberschreiter und auch Rückführungen sind dir möglich...

Trennung - **du** kannst dich von Dingen, Situationen und Menschen trennen, die dir nicht mehr gut tun... hilfst anderen, dass auch sie sich von Dingen, Situationen und Menschen zurückziehen oder sich sogar davon trennen können...

Rückzug & Isolation - **du** kannst dir immer Rückzugsmöglichkeiten schaffen... kommst durch Rückzüge wieder in deine Kraft... kannst anderen beibringen, wie er sich aus seiner Isolation befreit... ziehst dich rechtzeitig zurück...

Behörde
... in behördlichen Angelegenheiten kennst du dich aus.

Das heißt auch: Je ***eigenständiger*** und ***„grenzgenialer“*** (sicherer) du bist, desto mehr Kraft steht dir zur Verfügung.

Karte/Zahl 20 - Der Park
Persönlichkeitstyp: Die Heldin im Rampenlicht

Deine stärkste Eigenschaft und größte Kraftquelle:

<u>Du</u> stehst gerne in der Öffentlichkeit und genießt es, in der Öffentlichkeit zu stehen... du kannst in der Öffentlichkeit viel erreichen... fühlst dich wohl, wenn du im Mittelpunkt stehst... kannst etwas in den Mittelpunkt rücken... kannst für Aufmerksamkeit sorgen... magst es, gesehen und bewundert zu werden... liebst es, etwas zu bewirken... beziehst gerne andere Leute mit ein... bist gerne unter (vielen) Leuten... kannst andere Menschen anleiten und ausbilden... bist interessiert an der Meinung anderer... bist für andere da... bist sehr beliebt... bist gerne mit (vielen) anderen Menschen in Kontakt (Seminare, Kunden...) ... bist präsent... gehst gerne raus... zeigst dich gerne... bist ein geselliger Typ... hast gern große Gesellschaften... bist anpassungsfähig... hast eine offene Grundeinstellung... nimmst dich selbst wichtig... bist wandlungsfähig... dein Umfeld ist dir wichtig... deine Talente liegen im Bereich: Öffentlichkeitsarbeit, Kundenbetreuung, Seminare halten, andere ausbilden...

Das heißt auch: Je ***offener, interessierter, anpassungsfähiger*** und ***geselliger*** du in der Öffentlichkeit bist, desto mehr Kraft steht dir zur Verfügung.

Karte/Zahl 21 - Der Berg
Persönlichkeitstyp:
Die bergeversetzende Heldin mit Gipfelglückmentalität

Deine stärkste Eigenschaft und größte Kraftquelle:

<u>Du</u> hast eine große Ausdauer... bist willensstark... ehrgeizig und mutig... nimmst weite Wege in Kauf... hast genügend Zeit... planst langfristig... durch langfristiges planen sind dir große Ziele möglich... Hindernisse sind für dich kein Problem... dich schmeißt nichts so schnell um ... aus Steinen, die dir in den Weg gelegt werden, baust du noch etwas Schönes und Großartiges, was felsenfest steht und Bestand hat... Lösungen finden sind deine große Stärke... du bist sehr standfest... lässt dich nicht unterkriegen... krempelst deine Ärmel hoch und legst einfach los... du bist eine **Gipfelstürmerin**... durch Etappen kommst du immer ans Ziel... kein Weg ist dir zu steinig oder schwer... du weißt, dass du vom Gipfel eine tolle Aussicht hast... kannst die Aussicht auf dem Gipfel genießen... kannst den Überblick behalten... dein Blick ist weiträumig ... du hast einen ganzheitlichen Blick, kannst alles überblicken... jedes gesteckte Ziel ist für dich machbar... du setzt dir größere Ziele, die du stets erreichst... kannst gut mit Herausforderungen umgehen... nimmst Herausforderungen an, wie sie kommen... du reißt, wenn es sein muss, Mauern und Abgrenzungen ein... Steine, die dir in den Weg gelegt werden, räumst du beiseite... du findest immer einen Weg, wie du weitergehen kannst...

Das heißt auch: Je ***ausdauernder*** du bist und je ***stärker dein Willen*** bei Herausforderungen ist, desto mehr Kraft steht dir zur Verfügung.

Karte/Zahl 22 - Die Wege
Persönlichkeitstyp:
Die wegweisende Heldin voller Möglichkeiten

Deine stärkste Eigenschaft und größte Kraftquelle:

Du bist sehr vielseitig... Entscheidungen fallen dir leicht... du liebst es, eine Wahl zu haben... möchtest auch immer gerne mehrere Alternativen zur Auswahl haben... freie Entscheidungsmöglichkeiten sind dir wichtig... du bist allgemein eine vielseitige und entscheidigungsfreudige Frau... du schaust dir immer mehrere Möglichkeiten an und wägst dann ab... dir ist bewusst, dass es immer mehrere Blickrichtungen auf die Dinge/Situationen gibt... du hast deinen Blick auf mehrere Alternativen, in unterschiedlichen Richtungen... kannst gut die Richtung angeben... ein Richtungswechsel ist mit dir leicht möglich... du findest immer Lösungen... bist lösungsorientiert... kannst gut abwägen und daraufhin

eine Lösung finden... deinen eigenen Weg zu finden, ergibt sich aus der Vielzahl an Möglichkeiten...
du prüfst die Möglichkeiten, wägst sie für dich ab... deinen eigenen Weg zu gehen ist dir wichtig... dir ist es möglich, auch den Blickwinkel der anderen zu erkennen und die Sichtweise von anderen zu berücksichtigen... du bist offen für Lösungen-und Alternativen...
deine **Talente** liegen im Bereich Wegbegleitung:
Anderen bei ihren Entscheidungen zu helfen und zu beraten...mit anderen ihre verschiedenen Möglichkeiten und Alternativen erarbeiten...ihnen helfen, so dass sie alte Wege beenden und neue Wege gehen können...

Das heißt auch: Je ***vielseitiger***, ***entscheidungs-*** und ***entschlussfreudiger*** du bist, desto mehr Möglichkeiten erkennst du und hast somit auch mehr Kraft zur Umsetzung zur Verfügung.

Karte/Zahl 23 - Die Mäuse
Persönlichkeitstyp: Die Ordnung schaffende Heldin

Deine stärkste Eigenschaft und größte Kraftquelle:

Was du richtig gut kannst ist, etwas weniger Lichtvolles - den Schatten oder auch Negatives genannt - in etwas Positives und Lichtvolles zu wandeln. Du schaffst Ordnung, indem du aufräumst, ausmistest... kannst gut loslassen, entsorgen und auflösen... kannst schnell und flink sein... auch mit weniger gut zurechtkommen ... bist sparsam... kannst das, was stört, gut loslassen... dich von Unnützem gut trennen... kannst auch mal weniger machen... Dinge und Situationen (wie z.B. Streit) gut auflösen
... kannst Zweifel und Ängste überwinden... reduzierst dich aufs Nötigste oder kannst dich entsprechend... einschränken... kannst was „Gutes" aus jeder Situation machen...... und dich auch zurücknehmen, wenn es erforderlich ist...

Das heißt auch: Je ***wandlungsbereiter, reduzierter*** und ***ordentlicher*** du bist, desto mehr Kraft steht dir zur Verfügung.

Karte/Zahl 24 - Das Herz
Persönlichkeitstyp: Die Heldin mit dem großen Herz

Deine stärkste Eigenschaft und größte Kraftquelle:

Du hast eine herzliche und liebevolle Ausstrahlung... deine Herzlichkeit und liebevolle Art wirkt wie Balsam... bei dir dreht sich alles rund um die Liebe... deine warme, stets freundliche Natur wirkt ansteckend... du berührst die Herzen aller Menschen und Wesen... deine Herzlichkeit überträgt sich auf andere... in deiner Gegenwart fühlt sich jeder wohl... Herzlichkeit und Freundlichkeit im Umgang mit deinen Mitmenschen ist dir wichtig...
Du schaffst eine angenehm warme und liebevolle Atmosphäre... bist beliebt... herzlich... liebevoll... stets freundlich und hilfsbereit ... wirkst zärtlich und warmherzig... bist immer mit ganzem Herzen dabei ... stehst jedem helfend zur Seite, auch in Entwicklungs-Phasen... siehst, hörst, denkst, sprichst und fühlst du aus dem Herzen heraus... schenkst anderen ein Gefühl von herzlicher Zuneigung ... liebst es, andere helfend zu unterstützen... teilst deine Liebe fürsorglich mit anderen... wirkst oft wie verliebt... kannst in anderen Liebe und gute Gefühle aktivieren... hörst bei Entscheidungen immer auf dein Herz... gehst deiner Herzensaufgabe nach... möchtest die Liebe lebendig leben
... kannst deine Liebe mit anderen teilen...

Das heißt auch: Je ***hilfsbereiter, liebevoller*** und ***herzlicher*** du bist, desto mehr Kraft steht dir zur Verfügung.

Karte/Zahl 25 - Die Ringe
Persönlichkeitstyp: Die Heldin der Verbundenheit

Deine stärkste Eigenschaft und größte Kraftquelle:

Du bist verbindlich und routiniert... magst es, dich mit anderen zusammen zu tun... liebst und schätzt Zusammenhalt und Verbindlichkeiten... kannst etwas festigen und etwas miteinander verbinden... kannst Dinge oder Menschen zusammenbringen und halten... vermittelst ein Dazugehörigkeits-Gefühl... bist beziehungsfähig und verbindlich... kannst dich leicht an jemanden oder

etwas binden... kennst dich aus mit Verträgen, Beziehungen und Partnerschaften... fühlst dich verbunden und handelst danach... schaffst Verbindungen... selbst wenn du dich im Kreis drehst, findest du immer wieder den Anschluss... du gehörst dazu... gibst Halt und ein verbindliches Gefühl von Sicherheit
... magst etwas Festes haben, z.B. eine feste Partnerschaft, einen festen Arbeitsvertrag... kannst etwas festmachen... hast Routine und einen geplanten, verlässlichen Ablauf... sorgst dafür, dass alles rund läuft... fühlst dich verpflichtet... bist für viele sehr wertvoll, wie ein Geschenk ... wirkst auf andere gefestigt, in sich geschlossen, abgerundet und vollendet...

Deine größten Stärken sind:

- Partnerschaften und Beziehungen jeglicher Art
- auch Verträge und Versprechungen in allen Formen
- Verbindung zur geistigen Welt herstellen
- ein Medium zu sein
- offizielle, vertragliche Verbindungen schaffen z.B. als Standesbeamtin

Das heißt auch: Je ***verbindlicher, runder*** und ***verpflichtender*** du bist, desto mehr Kraft steht dir zur Verfügung.

Karte/Zahl 26 - Das Buch
Persönlichkeitstyp:
Die geheimnisvolle Heldin mit dem großen Wissen

Deine stärkste Eigenschaft und größte Kraftquelle:

Du bist und wirkst auf andere belesen und wissend... gebildet... geheimnisvoll... erfahren... lernbegeistert... bist schreibgewandt... kannst dich gut ausdrücken... kannst gut Wissen weitergeben ... informierst dich gern... bist eher schweigsam, manchmal auch verschlossen... magst eher die Ruhe und Stille ... erkundest und entschlüsselst vielleicht auch gerne alte Schriften und Zeichen...

Du beschäftigst dich gerne mit allem Wissen, was mit Papier, Schreiben, Worten, Zahlen und Buchstaben zu tun hat...Lernen - Lesen - Schreiben - Studieren - Weiterbildung...Wissen aneignen

... Wissen weitergeben & lehren... Erfahrungen sammeln... Geheimnissen ... Geheimwissenschaften... etwas Unbekanntem... Schriftkram... alte Kapitel schließen, damit neue Kapitel spruchreif werden können...

Das heißt auch: Je ***belesener, wissbegieriger, geheimnisvoller*** und ***lernbegeisteter*** du bist, desto mehr Kraft steht dir zur Verfügung.

Karte/Zahl 27 - Der Brief
Persönlichkeitstyp: Die wortgewandte Newsletter*Heldin

Deine stärkste Eigenschaft und größte Kraftquelle:

Wortgewandt bist du, Kontakte knüpfen und die Kontakt-Pflege ist deine größte Stärke... Du bist sehr kontaktfreudig... magst Kontakt halten —> gerne auch schriftlich, über Telefon, WhatsApp oder E-Mail... weißt, deine Kontakte zu nutzen... frischst gerne alte Kontakte wieder auf... meldest dich bei anderen, hältst den Kontakt... kommunizierst oft und gerne... bist kommunikativ und kreativ im Umgang von Worten... kannst dich gut mitteilen... beim Smalltalk kannst du punkten... magst leichte, oberflächliche Gespräche... kannst dich schnell informieren... magst es, wenn du etwas Schriftliches hast... bringst gerne deine Ideen in eine schriftliche Form (Papier/Datei...) ... schmiedest gerne Pläne und teilst diese mit ... übermittelst gerne Neuigkeiten, bist wortgewandt und unterhaltsam.

<u>Im spirituellen Bereich strahlst du besonders in den Bereichen:</u>

Kommunikation —> alle spirituellen Bereiche, die mit schnellem Kontakt, Papier, Schreiben, Buchstaben und Zahlen zu tun haben, sowie mediale Kontakte... Nachrichten übermitteln... Schreibmedium... Kartenlesen... Numerologie

Das heißt auch: Je ***kommunikativer*** und ***kontaktfreudiger*** du bist, desto mehr Kraft steht dir zur Verfügung.

Karte/Zahl 28 - Der Herr
Persönlichkeitstyp:
Die energiereiche Heldin des männlichen Prinzips
(Innerer Mann / männliches Prinzip)

Deine stärkste Eigenschaft und größte Kraftquelle:
Du strahlst Aktivität aus... bist sehr aktiv, vital und fit... wirkst und bist sehr tatkräftig... handelst gerne ... gibst viel... gibst motiviert die Richtung an... kannst auch andere gut motivieren ... bist unternehmungslustig ... möchtest stets etwas zu tun haben... bist begeisternd und mitreißend... möchtest vorankommen... hilfst auch anderen dabei, voranzukommen... bist in der Lage, anderen etwas zu geben... kannst auch viel für andere tun... bist medial begabt... hast freie Entfaltungsmöglichkeiten...
deine Berufung liegt im Bereich der Aktivität und Fitness.

Das heißt auch: Je ***aktiver, vitaler*** und ***unternehmungslustiger*** du bist, desto mehr Kraft steht dir zur Verfügung.

Karte/Zahl 29 - Die Dame
Persönlichkeitstyp: Die kraftvolle Heldin der Weiblichkeit
(Innere Frau / weibliche Prinzip)

Deine stärkste Eigenschaft und größte Kraftquelle:

Du trägst die Weiblichkeit in dir ... strahlst pure „Weiblichkeit" aus... wirkst sehr weiblich und hast Sexappeal... stehst zu dir selbst... bist selbstbewusst... bist hingebungsvoll und empfangsbereit... Empfängnis (etwas empfangen) und Hingabe sind deine größten Stärken... alles kommt wie fast von alleine auf dich zu... du kannst abwarten und bist geduldig... kannst auch einfach mal nichts tun... langsam und geduldig gehst du voran... gönnst dir genügend Ruhe... du kannst ganz ruhig bleiben, auch wenn es im Außen hektisch wird... du kannst in Ruhe abwarten, lässt dich nicht hetzen... nimmst dir genügend Zeit, auch für dich selbst... du kannst Pausen machen und die Ruhe genießen... so, wie du für andere da bist, sind andere (meistens) auch für dich da... du bist ganz ruhig und gelassen... du kannst auf den richtigen Moment

warten... kannst in dir selbst ruhen... andere zu Ruhe und Gelassenheit bringen, gehört zu deinen Stärken...
du schätzt Geschenke und kannst sie annehmen... bist medial begabt und hast freie Entfaltungsmöglichkeiten...

Das heißt auch: Je ***weiblicher, hingebungsvoller*** und ***intuitiv*** *auf den richtigen Moment* ***abwartender*** du bist, desto mehr Kraft steht dir zur Verfügung.

Karte/Zahl 30 - Die Lilie
Persönlichkeitstyp: Die harmonische Heldin des Friedens

Deine stärkste Eigenschaft und größte Kraftquelle:

Du strahlst inneren Frieden und Ruhe aus... bist allgemein ein friedlicher und ruhiger Mensch... Zufriedenheit ist dein Anspruch, ebenso wie innere und äußere Ruhe bewahren... ein harmonisches Miteinander ist dir wichtig... du bist ein Familienmensch... Harmonie im Allgemeinen ist dir wichtig... du schaffst eine ruhige und ausgleichende Energie, wenn du einen Raum betrittst... du sorgst für eine harmonische Atmosphäre... ein friedliches und harmonisch ausgeglichenes, ruhiges Umfeld ist dir wichtig... du denkst friedvoll und harmonisch... Ausgleich in jeglicher Form ist für dich ein wichtiges Thema...
Sexualität und Intimes sind ebenfalls wichtige Bereiche (vielleicht auch Erfahrungsfelder?) in deinem Leben... du wirkst ausgeglichen und ausgleichend... du hast eine gute, innere Balance... bist stets im Gleichgewicht (oder musst vielleicht auch dafür sorgen, deine innere Balance/Mitte zu wahren)...

Das heißt auch: Je ***harmonischer, friedlicher*** und ***ausgeglichener*** du bist, desto mehr Kraft steht dir zur Verfügung.

Karte/Zahl 31 - Die Sonne
Persönlichkeitstyp: Die strahlende Sonnen*Heldin

Deine stärkste Eigenschaft und größte Kraftquelle:

Deine **Strahlkraft** ist besonders... du strahlst Schönheit aus... deine Ausstrahlung ist charismatisch, von einem sonnigen Gemüt... **du** kannst strahlen und einfach glücklich sein... kannst auch andere zum Strahlen bringen... kannst glänzen und dich dabei rundum wohlfühlen... sorgst für schöne Momente... fühlst dich gut.. kannst anderen dabei helfen, dass sie sich ebenfalls gut fühlen... strahlst in einem hellen Licht... lebst auf der Sonnenseite des Lebens... findest immer Möglichkeiten zu strahlen ... siehst alles positiv und kannst auch alles positiv betrachten ... erkennst in allem einen positiven Sinn... bist generell ein positiver Mensch... bist in einer sehr positiven Entwicklung... wirkst auf andere sehr positiv und strahlend... bist optimistisch... eine sehr lichtvolle Energie fließt in dir... Energiearbeit ist deine große Stärke... du bist erfolgreich... Erfolg ist dir gewiss...
du bist voller **Kraft & Energie**... kannst Energie, Power & Kraft positiv nutzen... hast auf andere eine sehr große und positive Anziehungskraft... bist stets mit großer Freude dabei... deine Lebensfreude ist für alle sichtbar... du kannst das Leben genießen... kannst dich des Lebens freuen... du kannst dich an jedem und allem erfreuen... bist stets gut gelaunt und verbreitest gute Laune...

Energiearbeit gehört zu deinen Fähigkeiten... du kannst anderen helfen, dass sie sich gut fühlen... kannst ihnen bei der Erleuchtung helfen... sorgst dafür, dass anderen ein Licht aufgeht... du kannst sie unterstützen, damit sie zu mehr Licht, Energie und Kraft kommen... du bringst in Projekte positive Energie & Kraft ein... du bringst **Lichtblicke**... kannst etwas genauer betrachten, hinsehen... verschaffst anderen einen optimistischen Lichtblick nach vorne...

Das heißt auch: Je ***strahlender, leuchtender*** und ***energievoller*** du bist, desto mehr Kraft steht dir zur Verfügung.

Karte/Zahl 32 - Die Mondin
Persönlichkeitstyp: Die intuitive Gefühls*Heldin

Deine stärkste Eigenschaft und größte Kraftquelle:

Gefühle - du bist sehr gefühlvoll und sensibel... Gefühle entwickeln ist für dich leicht... du hast eine starke Anziehungskraft auf Menschen... ziehst Menschen, Dinge und Situationen geradewegs an... entwickelst schnell Empathie... hast ein gutes Einfühlungsvermögen... deine Ausstrahlung ist mystisch... du bist erfolgreich und eine gut entwickelte Intuition... du hast ein gutes Gespür... deine Sensibilität ist ausgeprägt... du erkennst an und genießt auch große Anerkennung... deine medialen Fähigkeiten sind ausgeprägt... dein Sinn für Romantik ebenso...
du bist sehr medial veranlagt... kannst anderen helfen, dass sie für sich eine gute Intuition entwickeln können... hilfst dabei, dass sie ihre Möglichkeiten erkennen können und gibst anderen ein gutes Gefühl...

Das heißt auch: Je ***gefühlvoller, sensibler*** und ***anziehender*** du bist, desto mehr Kraft steht dir zur Verfügung.

Karte/Zahl 33 - Der Schlüssel
Persönlichkeitstyp:
Die öffnende Heldin mit dem Sicherheits*Gen

Deine stärkste Eigenschaft und größte Kraftquelle:

DU bist stets zuversichtlich und offen... deine Offenheit und Öffnungsbereitschaft sind dein größtes Potenzial... deine Offenheit überträgt sich auf andere... Eröffnungen sind deine Stärke... du schenkst anderen ein Gefühl von Sicherheit... du liebst Offenheit und gehst voller Sicherheit auf neue Menschen, Situationen und Dinge zu... deine Selbstsicherheit wurde dir mit in die Wiege gelegt... Erfolg ist dein Geburtsrecht... du bist erfolgreich durch deine Selbstständigkeit und dein Selbstbewusstsein... du bist gewissenhaft und entschlussfreudig... dir ist es möglich, etwas in

Gang zu setzen... du nimmt Dinge in die Hand und bist eine Tür- und Tor-Öffnerin...

Das heißt auch: Je ***selbstsicherer, offener*** und ***zuversichtlicher*** du bist, desto mehr Kraft steht dir zur Verfügung.

Karte/Zahl 34 - Die Fische
Persönlichkeitstyp: Die Heldin mit Seelentiefe

Deine stärkste Eigenschaft und größte Kraftquelle:

Du wirst als sehr tiefgründig wahrgenommen... tiefe Prozesse werden in dir und durch dich ausgelöst... du vertiefst etwas... Themen, die mit „Süchten" jeglicher Art zu tun haben, liegen dir besonders gut... du kannst Hilfe bei Süchten geben... du kannst in die Tiefe der Seele blicken... bist immer mit der ganzer Seele dabei... verstehst dich auf tiefer Seelenebene mit anderen... kannst auf Seelenbedürfnisse gut eingehen... verstehst auf tiefer Ebene die Sprache der Seele...
du kannst etwas in Fluss und ins Fließen bringen... es kommt etwas durch dich ins Fließen... es könnte auch ein materieller Fluss sein... tiefe Seelenberührungen finden in dir und durch dich statt... Werte zu schaffen ist dir möglich... du strahlst "Hochwertigkeit" aus... auch finanzielle Werte kannst du für dich gut aufstellen und auch anderen dabei helfen... du erkennst den Wert in deinem Gegenüber... deine Intuition ist sehr ausgeprägt... du bist sehr sensibel und sensitiv veranlagt... tiefe Seelenberührung ist dir möglich... Seelenpartner und tiefe Seelenpartnerschaften kannst du zu deinem Spezialgebiet machen

Das heißt auch: Je ***tiefgründiger, fließender*** und ***wertschätzender*** du bist, desto mehr Kraft steht dir zur Verfügung.

Karte/Zahl 35 - Der Anker
Persönlichkeitstyp: Die arbeitsame Heldin mit der guten Erdung

Deine stärkste Eigenschaft und größte Kraftquelle:

Du strahlst eine stabile Verankerung (Erdung) aus... bist in dir selbst gut gefestigt und verankert... stehst auf einer gut verankerten Basis... bist in der Lage, dir selbst Halt, Stabilität und Sicherheit zu geben... schaffst ein verankertes Fundament (in allen Bereichen, Projekten, Vorhaben, die du anpackst)... bist (einer Sache) treu... sehr fleißig und arbeitsam...gibst auch anderen Sicherheit... kannst eine Atmosphäre schaffen, in der man viel schaffen/arbeiten kann... arbeitest viel... bist ein fleißiges Bienchen (Arbeitsmensch)... kannst Dinge fest und verbindlich machen... beschäftigst dich intensiv mit neuen Aufgaben... gibst Arbeit und schaffst Vertrauen... lebst deine Berufung
... förderst Studium, Arbeit, Beruf, Hobby... alles rund um das (Er)Schaffen... du kannst dich festlegen... bist ein Macher-Typ... deine größten Talente deiner Berufung liegen im Bereich Lebensberater: hierbei kannst du anderen helfen, etwas loszulassen und neue, sinnvolle Aufgaben zu finden... anderen aus Abhängigkeiten heraus helfen... sie zu unterstützen, dass sie für sich selbst sorgen können... kannst Halt, Stabilität und Sicherheit geben... mit ihnen an ihren Einstellungen und Verhalten arbeiten... ihnen helfen, sich nützlich und gebraucht zu fühlen... sie einfach dabei zu unterstützen, so dass sie die nächsten Schritte gehen können...

Das heißt auch: Je ***fleißiger, geerdeter*** und ***sicherer*** du bist und deiner Arbeit (Projekt...usw.) ***treu*** bleibst, desto mehr Kraft steht dir zur Verfügung.

Karte/Zahl 36 - Das Kreuz
Persönlichkeitstyp: Die Heldin des Schicksals

Deine stärkste Eigenschaft und größte Kraftquelle:

Die einen sagen Schicksal, die anderen sagen Karma, andere wiederum sagen Bestimmung dazu... es ist auf jeden Fall deine Bestimmung, eine Heldin zu sein und deinen ganz eigenen Weg zu gehen... hierbei auch andere zu unterstützen, ist so etwas wie eine Passion oder Berufung.
du folgst deiner Bestimmung... hast eine wichtige Aufgabe... hilfst anderen dabei, ihre Bestimmung und Lebensaufgabe zu finden... bist auf Lebensaufgaben spezialisiert... kannst wunderbar unterstützen bei wichtigen Themen, ebenso wie in Glaubensthemen und Spiritualität... du unterstützt und stärkst andere in ihrem Glauben... vermittelst anderen wichtige Aufgaben...
Themen mit höchster Wichtigkeit sind dein Spezialgebiet... andere in wichtigen Themen und ihren Lebensprüfungen zu unterstützen, gehört zu deinen Stärken.

Das heißt auch: Je vertrauensvoller du dein für dich vorbestimmtes ***Schicksal*** (Seelen*Plan) ***annehmen,*** dich deiner ***Bestimmung hingeben*** und ihr ***folgen*** kannst, desto mehr Kraft steht dir zur Verfügung.

Die Zusatzkarten aus dem Angelina Schulze Verlag

Karte/Zahl 37 - Der Bauch
Persönlichkeitstyp: Die Heldin der Seelen*Pläne

Deine stärkste Eigenschaft und größte Kraftquelle:

Wie eine Ur*Mutter hütest du deinen eigenen, sowohl auch den Seelen*Plan, der anderen, lässt ihn wachsen und gedeihen, bis er umgesetzt werden kann.
Schwanger: du gehst ständig mit etwas schwanger... anderen kannst du zeigen, was du Neues auf und in die Welt bringen

willst... alle Themen rund um die Schwangerschaft gehört zu deinem angeborenen Talenten... **Vorbereitung:** Vorbereitungsphasen sind deine Stärke... du kannst gut Hilfestellung bei Vorbereitungen geben... **Pläne:** du bist eine Planerin... für alles hast du einen Plan... du kannst konkrete Pläne schmieden und sie auch umsetzen. **Talente:** Ebenso kannst du anderen zeigen, wie man Gedanken in konkrete Pläne umsetzt und für Ergebnisse sorgt...
Ordnung: Ordnung schaffen ist deine Spezialität...
Elternrolle: Eltern, Sexualität, eine Familie gründen gehören zu deinen Themen...
Geborgenheit und Nestwärme gibst du anderen...
Heilung: deine gesunde Entwicklung zeigt sich im Außen, so dass jeder es sehen kann...

Das heißt auch: Je mehr du deinem ***Seelen*Plan folgst***, du stetig ***wächst*** und ***gedeihst***, in dir ***Ordnung schaffst*** und dich um deine (innere & äußere) ***Familie kümmerst***, desto mehr Kraft steht dir zur Verfügung.

Karte/Zahl 38 - Die Engelsflügel
Persönlichkeitstyp: Die schützende Heldin
(Helfer*Engel)

Deine stärkste Eigenschaft und größte Kraftquelle:

Als Helfer*Engel wirst du oft wahrgenommen, denn du bist eine Heldin mit unsichtbaren Flügeln, die ganz selbstverständlich anderen schützend und helfend zur Seite steht.
Schutz: du stehst unter einem göttlichen Schutz... von Engeln beschützt wirkt du auch beschützend für andere... du bist eine Beschützerin...
Wertvoll: du bist wertvoll... kannst anderen dabei helfen, dass sie sich ebenfalls wertvoll fühlen... du hast viele wertvolle Erkenntnisse, die du in deinem Leben leicht integrieren kannst...
Geführt: du bist geführt und beschützt in allen Situationen...
Vertrauen: du bist voller Gottvertrauen und strahlst das auch aus... du kannst dir selbst vertrauen...

Gewinn: gewinnbringend bist du für andere... du bist eine Gewinnerin... spirituelle Möglichkeiten ausprobieren ist immer gewinnbringend für dich...
Spiritualität: du bist stets verbunden, von Spirit umgeben...
Erleuchtet: den Zustand der Erleuchtung kannst du garantiert erreichen... du strahlst mit großer, engelhafter Leuchtkraft...
Göttliche Führung: du bist stets unter göttlicher Führung und göttlichem Schutz... alles dient dir zu deinem Besten... Engelskontakte sind dir möglich... du bist stets von Engeln (Universum, der göttlichen Quelle, der geistigen Welt, Spirit...) umgeben...

Das heißt auch: Je mehr ***Vertrauen*** *du hast, du dich* ***beschützt*** und ***wertvoll*** fühlen kannst und deiner göttlichen Führung vertraust, desto mehr Kraft steht dir zur Verfügung.

Karte/Zahl 39 - Die Fabrik
Persönlichkeitstyp: Die erschaffende Heldin

Deine stärkste Eigenschaft und größte Kraftquelle:

DU strahlst **Stabilität** und große **Standhaftigkeit** aus ... gibst **Sicherheit** ... stehst auf einer sehr großen, guten, sehr stabilen Basis... brauchst und nimmst viel Platz und Raum ein... arbeitest selbstständig... baust dein eigenes Geschäft oder Unternehmen auf... erschaffst sehr große und starke Fundamente, welche dauerhaft und sicher stehen... förderst Gemeinschaft und gibst Halt... packst Projekte mit System an...
Deine großen Talente sind:
In Gemeinsamkeit feste Systeme und Abläufe erschaffen, die mehr Potenzial und Stabilität bringen... du erschaffst große Dinge, wo auch andere einen Platz finden und man dann miteinander arbeiten kann... du hast großes Potenzial... kannst anderen dabei helfen, ihr Potenzial zu entfalten... behältst stets den Überblick, kannst alles zusammen halten ... bist eine gute Ausbilderin, kannst andere gut ausbilden... bist ein großes Vorbild für andere, eine Vorreiterin... kannst etwas sehr Großes aufbauen... investierst viel wie z.B. Zeit, Geld, Gefühl... erschaffst etwas, wo-

nach man sich richten kann... kannst dir einen Überblick verschaffen und alles absichern... wenn du etwas auf- und ausbaust, wird es groß und sehr stabil... kannst immer etwas festigen... kannst anderen dabei helfen, dass sie ihr eigenes Geschäft aufbauen können...

Das heißt auch: Je ***investitionsbereiter, stabiler*** und ***standhafter*** du bist, desto mehr Kraft steht dir zur Verfügung.

Karte/Zahl 40 - Die Hand
Persönlichkeitstyp: Die Heldin der Versöhnung

Deine stärkste Eigenschaft und größte Kraftquelle:

Du kannst gut anpacken - zupacken - loslassen - versöhnlich wirken - jemandem die Hand reichen - dich befreien aus Chaos und Schuld - Wege aus dem Chaos finden - Verantwortung übernehmen und tragen - verantwortlich handeln - abgeben und delegieren - Erfahrungen sammeln und weitergeben - alles im Griff behalten - zur Unterstützung die Hand reichen - Dinge in die Hand nehmen - Dinge, die du haben willst, annehmen - Dinge, die du nicht haben willst, loslassen..

Das heißt auch: Je ***an-*** *und* ***zupackender, hilfsbereiter*** *und* ***versöhnlicher*** du bist, desto mehr Kraft steht dir zur Verfügung.

Naa... hast du einige Erkenntnisse über dich einholen können?

Übrigens:
Solltest du diese Eigenschaften und Wesenszüge deiner Persönlichkeit noch nicht erkennen können, hast du sie in den Schatten verbannt. Dann schalte doch einfach mal bewusst dein Licht ein und hole sie hervor;) Beschäftige dich damit und lasse diese Erkenntnisse auf dich wirken.... schreibe sie in dein Heldenbüchlein... lese sie dir immer wieder durch... und dann beobachte, was sich verändert. Deine „Spiegelmenschen“ zeigen es dir:)

Die Erweiterung mit speziellen Legesystemen zu deinen einzigartigen Charakterstärken und weiblichen Kraft mit noch mehr Deutungsbeispielen zu den Zahlen und Lenormand Karten findest du im Lenormand Workbook der Heldenreise.

Die Entwicklungs*Ebenen deiner Persönlichkeit

Wenn ein angehender Held oder Heldin zu mir in die Helden*Schmiede kommt und mir von seinen Problemen und Herausforderungen erzählt, die sie in ihrem Leben hat, höre ich ganz genau hin und kann ihr im Anschluss ganz konkret aufzeigen, wo sie gerade steht, was ihr nächster Schritt ist und wo ihre aktuellen und zukünftigen Lernfelder liegen. Auch was verabschiedet werden darf, kann ich ihr - aufgrund der Vervollständigung ihres Spielfeldes/ bzw. Levels der bisherigen Erfahrungen - aufzeigen.

Die Entwicklungspsychologie war eines meiner liebsten Fachgebiete. Anhand der verschiedenen Entwicklungsstufen der Menschheit lässt sich - im Großen (der Bevölkerung) wie auch im persönlichen Kleinen - einiges erklären, was uns das Leben leichter macht. Ich nenne es die „**Spielregeln des Lebens**" und werde dir heute die verschiedenen Ebenen, Level und Spielfelder unserer und deiner persönlichen Entwicklung vorstellen.

Und um es so einfach wie möglich zu machen, werde ich die Einführung ins Thema so kurz wie möglich halten und dich nicht mit wissenschaftlichen Fachbegriffen und Analysen langweilen;)

Die Kurzfassung lautet so: Jede Klasse von **Problemen bzw. Herausforderungen wird mit der Erschaffung eines Wertesystems gelöst.** Bis jetzt hat die Menschheit acht unterschiedliche Wertesysteme hervorgebracht - das Neunte ist das, was ich die >Neue Welt< nenne.

Solche Wertesysteme sind Mechanismen, die die Psyche entwickelt hat, um mit bestimmten Umweltsituationen und Ereignissen, aufgrund des Weltgeschehens in den Zeitepochen, angemessen umgehen zu können.

Verändern sich die Probleme und Herausforderungen - einer Gesellschaft (oder von dir persönlich) - dann verändert sich auch ihr (bzw. dein) Wertesystem. Ganz besonders gut kann man dies jetzt im Außen, anhand unseres Weltgeschehens beobachten.

Alle Menschen - auf dem gesamten Planeten - sind dazu aufgefordert, sich weiterzuentwickeln und in die nächste Ebene unserer Menschheits*Entwicklung zu gelangen.

Jeder fängt bei sich selbst, im „Kleinen“(für dich persönlich) an und somit verändert sich das „Große“ (das große Kollektiv der Menschheit).

Die 12 Stufen deiner Persönlichkeit

Je bewusster du deine Reise zu dir selbst gehst, je einfacher durchläufst du sie und je schneller bist du am Ziel deiner Träume angelangt.

Diese **Bewusstheit-Skala der 12 Stufen deiner Persönlichkeit** ist zur Orientierung gedacht, auf der du schauen kannst,

- wo du dich gerade in deinem Leben befindest,
- in welchen „Spielfeldern“ du deine Erfahrungen aktuell machst,
- was du bereits geschafft, gemeistert und integriert hast,
- wo sich dein Gegenüber (Herausforderer/Schwellenwächter/Drachenwächter) befindet,
- in welchem Bewusstsein er unterwegs ist und

- welches Spielfeld er in dir gerade antriggert (und dich dadurch zum Weitergehen auffordert oder gar zwingt).

So weißt du (z.B.) gleich, ob es sich lohnt, sehr viel Zeit, Energie und Kraft in Erklärungen zu stecken oder ob du dir die Liebesmühe sparen kannst, weil dein Gegenüber - aufgrund seines Bewusstseins und Entwicklungsstandes - noch gar nicht verstehen und begreifen kann.

Um diese Erkenntnis bin ich unendlich dankbar - von da an konnte ich Frieden mit sooo vielen Themen schließen. Anstatt Wut, Frust und Verzweiflung zu empfinden, ist Gelassenheit, Mitgefühl und Verständnis eingezogen und mein zuvor stark belastetes Nervensystem ist seither (meistens:) sonnig entspannt.

Warum ich dir diese Erkenntnisse erzähle und ihnen extra einen Meilenstein gewidmet habe, hat einen bestimmten Grund. Mein Herzenswunsch und Bestimmung ist, so schnell wie möglich dafür zu sorgen, dass immer mehr Menschen das 7ner Level erreichen, denn in diesem hält die Weisheit Einzug und unsere Welt verändert sich dadurch gravierend!
Je mehr Menschen das duale Spielfeld (alles unterhalb der 5) dieser Welt verlassen, je schneller wird sich die Welt verändern können.

Die Skala zeigt dir auch, was du „besser“ (in Form von anders) machen kannst, damit du dem Sinn deines Lebens, deiner Bestimmung und deinem Lebensglück begegnen und ihm bewusst folgen kannst.

Die Spielregeln in der Persönlichkeitsentwicklung

So lauten die Spielregeln, dass wir z.B. immer

- 3 Spielfelder (Level/Ebenen) beleben und deren Herausforderungen zu meistern haben.

- Keine Ebene kann übersprungen oder ausgelassen werden!

- Jeder fängt bei Ebene 1 (Überleben) an und entwickelt sich dann Level für Level - Stufe für Stufe - weiter nach oben.

- Die Menschen auf der darüber liegenden Ebene (die das vorherige Level bereits gemeistert haben) helfen dabei, dass die Menschen der darunter liegenden Ebene, ins nächste Spielfeld kommen.

- Gleichzeitig fordern die darunter liegenden (z.B. die Menschen, die sich in Level 4 ihrer Persönlichkeit befinden) die darüber liegenden (Menschen im Spielfeld 5) heraus. Meist sind sie als Schwellenwächter unterwegs (diese sind Herausforderer, hindern am Weitergehen oder überprüfen unbewusst den Fortgeschrittenen).

Das magische Dreieck der Erfahrungsebenen

- Oberhalb ist deine nächste Zielebene.
- Unterhalb von dir ist das Feld, aus dem du hinausgewachsen bist.
- Auf der mittleren Ebene befindest du dich gerade.

Die einzelnen Entwicklungs-Spielfelder - angelehnt an dem Entwicklungsmodell des amerikanischen Psychologieprofessors Clare W. Graves und erweitert durch eigene Studien und Erfahrung, werde ich dir einzeln im Anschluss kurz erklären.

Ich beschreibe die Level oder Stufen, die Graves in Farben unterteilt hat, überschaulich durch Stockwerke und Zahlen und bezeichne sie als „Spielfelder“ unserer Lebensbühne und Entwicklung.

Es geht zum einen um die
* **Entwicklung der Menschheit im Gesamten**
und zum anderen um die
* **Entwicklung unserer einzigartigen Persönlichkeit**

Ein typisches Beispiel dafür, dass >wie im Großen, so auch im Kleinen< alles miteinander verbunden ist und wirkt. Jedes Level - jedes Spielfeld - hat seine ganz eigenen Herausforderungen, Ängste, Probleme und Lernaufgaben. Bevor sie nicht gemeistert werden, geht es nicht weiter auf der Leiter ins Glück.

Willst du von einem Bewusstseins*Level in die nächsthöhere Bewusstseinsebene gelangen, braucht es eine Veränderung und Neuausrichtung. Jede Veränderung ist ein Prozess. Ausnahmslos folgt dieser Prozess einem bestimmten Prinzip aus 12 Stationen. Diese kannst du ganz bewusst mit einer Heldenreise durchlaufen, welche prozessbegleitend aus
>12 Meilensteinen< besteht....

Perspektivenwechsel
Doch wenn du erlaubst, werde ich dir zum besseren Verständnis, die einzelnen Spielfelder deiner Lebensbühnen nochmals übersichtlich strukturiert aus einer anderen Perspektive heraus beschreiben - jede Entwicklungsebene detailliert im Einzelnen ...

Die Spielfelder deiner Lebensbühnen

Bildlich gesprochen, bewegen wir uns in unserem Leben auf 12 Bühnen. Das sind die Bereiche, in denen wir wachsen und unsere Werte und Persönlichkeit entwickeln. Je nachdem, wie wir uns auf diesen Bühnen ausleben, können wir entsprechend über uns selbst hinauswachsen oder Blockaden erfahren.

Die Entfaltung der eigenen Persönlichkeit geschieht auf allen Ebenen. Jede fehlende Integration einer Ebene führt dazu, dass die positiven Aspekte dieser Stufe ins Negative kippen, sich als Störungen einschleichen und Behinderungen in deinem Alltag spürbar werden.

Wie bereits zu Anfang erwähnt, kann ich (und jeder, dem das Prinzip der Entwicklungs*Ebenen bekannt ist) in Anbetracht deines Verhaltens und der Art, wie du denkst, fühlst und handelst, erkennen, auf welchen „Spielfeldern (Bühnen) des Lebens" du unterwegs bist.

Jede Bühne, jede Ebene hat ihre eigenen Lernfelder, Ängste, Herausforderungen, Probleme... sowie auch „Geschenke", die nur darauf warten, erkannt und angenommen zu werden.

Bevor die Hürden und „Prüfungen" des Levels nicht gemeistert werden, geht es nicht weiter auf der Leiter ins Glück.

Und so zeige ich dir jetzt die 9 (12) Spielfelder deiner Lebensbühne - sprich: die Entwicklungsebenen deiner Persönlichkeit - auf und du darfst schauen,

- welche Themen dir aktuell ganz besonders vertraut sind...
- welche du bereits hinter dir gelassen hast und
- welche noch vor dir liegen.

So beginnen wir mit dem 1. Spielfeld... (die Zeitangaben sind übrigens als Richtwerte zu betrachten, es gibt unterschiedliche Angaben und Niederschriften dazu. Ich nehme die, wie ich es einst gelernt habe).
Und so heißt es jetzt:
„Vorhang auf... das Spiel des Lebens - inklusive deiner Persönlichkeitsentwicklung bis zum heutigen Tage - beginnt..."

Wenn du die wichtigsten Werte der einzelnen Spielfelder/Ebenen durchliest, dann frag dich doch gleich mal, inwieweit diese genannten Werte (wie z.B. Durchsetzungsvermögen, Dramatik, Spaß, Genuss etc.pp) in dir angelegt und ausgeprägt sind.
So bekommst du für dich gleich ein Gefühl für das,
• was sich bereits in dir entwickelt hat...
• inwiefern dies bereits gelebt wird...
• was auf dieser Ebene noch fehlt, bzw. noch nicht erfüllt ist und
• was sich vielleicht noch stärker entwickeln darf und sollte...

Kurz gesagt: An diesen Werte-(Entwicklungs)-Merkmalen kannst du erkennen, wo du genau stehst und was sich noch alles entfalten will, in dir und deinem Leben.
Jede Lücke will gefüllt sein.
Mancher Lichtkörper sieht aus wie ein Schweizer Käse;) Diese Lücken sind gleichzusetzen mit einem fehlenden Puzzlesteil, das dich noch nicht vollkommen im Ganzen sein lässt. Diese Felder werden dir so lange in deinem Leben vor die Nase gesetzt - bzw. dir in deinem Leben begegnen - bis diese Lücken gefüllt sind.

Wenn es dir also (z.B.) an Durchsetzungsvermögen, an Spaß oder Genuss (das sich auf der Ebene 3 entwickelt) fehlt, dann zieht sich ein Weiterkommen so lange zäh dahin, bis dieses Level ganz gelernt und erfüllt ist. Es zieht dich so lange - wie durch unsichtbare Gummibändern - in den Mangel, bis du es TUST... bis (um bei den Beispielen zu bleiben) du dich durchsetzt... bis du den Spaß am Leben entdeckst ... bis du dein Leben wirklich genießen kannst... usw.

So nimm dir jetzt am besten einen Stift - oder besser noch verschiedene Farben - zur Hand und kreise dir die Werte an, die du besonders gut kannst (z.B.**grün**)... die schon ganz okay sind (z.B.**blau**)... und die noch Unterstützung brauchen (z.B.**rot**)...
Natürlich kannst du dir auch andere Farben wählen... Mach es einfach, wie es für dich passend ist. Das Wichtige daran ist nur, dass du es machst!!!

Am Ende jedes Spielfelds lasse ich dir ein paar Zeilen für deine persönlichen Gedanken frei, dort kannst du dir zusätzliche Notizen dazu machen.

Let`s go —> wir starten mit dem Beginn des Wertesystems mit dem 1. Spielfeld...

1. **Spielfeld**

Überleben - Sammler/Jäger - Körper

>ICH*Orientierung<

Zeit: Beginn vor etwa 100.000 Jahren
Heutiger % Anteil der erwachsenen Bevölkerung: ca. 0,1%

Grundthema:
„Tu, was du tun musst, um zu überleben".

>Das Überleben bzw. der Überlebenskampf stehen im Vordergrund<

In der Epoche der Steinzeitmenschen ging diese Entwicklungsstufe los... es ist die Zeit der Jäger und Sammler, es sind primitive, elementare Überlebenswerte und geht um reine Bedürfnisbefriedigung - vergleichbar mit einem tierähnlichen, instinktiven Unbewusst-Sein.
Was in dieser Ebene wichtig war und ist, ist die
Nahrung, Wasser, Schlafen, Wärme und eine Unterkunft. Im Erwachsenenalter kann der animalische Sex Trieb noch mit hinzukommen. Getrieben sein von sexuellem Verlangen, sowie reine Sexpraktiken, um sich fortzupflanzen.

Eigenarten:
Das **eigene Selbst** wird nur **schwach** wahrgenommen, die ganze Aufmerksamkeit liegt nach Außen gerichtet.

Auf diesem Entwicklungsniveau ist die ganze Energie auf das Überleben ausgerichtet. Menschen dieser Stufe leben nur in der Gegenwart. In Vorstammeskulturen gab es diese „tierische" Lebensweise, heute findet man sie bei geistig Benachteiligten bzw. senilen Menschen, in manchen Fällen auch bei Drogenabhängigen. Bei Babys und Kleinkindern gehört dies zur natürlichen Entwicklung.

Die Probleme dieser Ebene:
Aufrechterhaltung und Stabilisierung der Psyche und Integrität.

Ängste:
Ich muss ums ÜBERLEBEN kämpfen.

Perspektive: Die Welt ist unbestimmt und vage... Das Leben erfolgt instinktiv und besteht darin, sich ohne Widerstand dem Willen der Natur unterzuordnen.

Lebensziel: Sofortige Befriedigung der Grund-Bedürfnisse wie Essen, Trinken, Geborgenheit, um das Überleben der Art zu sichern.

Gottesbild:
Nährend - Mutterbrust

Wie organisiert man sich:

- Verkörpert nacktes Dasein
- Das Leben ist hier **reine Anpassung an die Natur.**

Beispiele: Ein kleines Kind, das nach Nahrung schreit. Ein seniler alter Mensch, der physiologisch versorgt werden muss, weil er sich selbst nicht mehr in ausreichendem Maße darum kümmern kann.
Eine notwendige Phase in der Entwicklung eines jeden Menschen, da wir alle - ohne Ausnahme - als pflegebedürftiges Wesen auf die Welt kommen. Die Bedürfnisse wie Hunger, Durst, Unwohlsein, Schlaf werden unmittelbar zum Ausdruck gebracht. Hilflos ist der Sprössling darauf angewiesen, dass ihn jemand versorgt. Wenn nicht, ist er schutzlos ausgeliefert. Somit ist er noch nicht fähig auf Rücksichtnahme und Empathie (wenn es ein Bedürfnis hat, schreit es, ganz gleich zu welcher Uhrzeit und in welcher Verfassung die übernächtigte und erschöpfte Mutter ist.)

Persönliche Notizen:

____

____

____

____

____

2. Spielfeld

Zugehörigkeit in Clan & Familie - Sicherheit - Zugehörigkeit
>Gruppen*Orientierung<

Zeit: Beginn vor etwa 50 000 Jahren
Heutige % Zahl der Menschen: In Europa gibt es nur noch wenige Menschen in diesem Level.

Die Entwicklung führt die menschliche Rasse weiter in die Erfahrung des Stammes-Lebens (Familie... Clan... Sippe...).

Wichtige Werte dieser Ebene sind:
Sicherheit - Zugehörigkeit - fester Arbeitsplatz - Schutz - Absicherung - Bindung - sich "zu Hause" fühlen - Treue zur Organisation - Teil der Gruppe sein - dazugehören - Geborgenheit - Vergangenheitsorientierung - Rituale bewahren - Stolz auf die Organisation sein - Nationalismus - örtliche Gebundenheit - Treue zu den Wurzeln...

Die Eigenschaften der 2er-Ebene:

- Sehr sicherheitsorientiert
- Die Person opfert ihre eigenen Wünsche für den Stamm (Clan/Familie), den Häuptling oder die Geister
- Der Mensch **ordnet sich dem Stamm und dem Häuptling unter** und bekommt Sicherheit

Die Probleme dieser 2er-Ebene:
Das Erreichen relativer Sicherheit

Ängste:

- besser als andere zu sein
- oder meinen, besser als andere sein zu müssen
- vom Stamm ausgestoßen zu werden
- die Ahnen und Geister zu verärgern
- keine Unterkunft, kein Dach über dem Kopf zu haben, kein Zuhause, kein Revier...

Was eine Krise auslöst:
Wenn die Bande des Zusammenhalts schwächer wird und das erwachende ICH (Ego) eigene Erfahrungen machen will, die sich mit den traditionellen und überlieferten, familiären Strukturen, Traditionen und (moralischen) Glaubenssätzen nicht vereinbaren lassen.

Typische Verhaltensmuster:
Aggressionen werden nur gezeigt, wenn Tabus gebrochen, Besitz gefährdet oder das eigene Revier verletzt wird.

Gottesbild:
Geister - Monster - Dämonen - Totenreich der Ahnen - Stammesgötter

Wie organisiert man sich:
Beschützend - magische Momente in der Natur - Familie - Kirche - es gibt Ahnenkulte - Schamanen - einen Häuptling - Guru - ein Oberhaupt...

Wenn die 2er-Anteile konstruktiv in eine reife Persönlichkeit integriert sind:

- ist der Mensch **loyal** und **vertrauenswürdig,**
- er ist stolz auf sein Unternehmen und hat einen ausgeprägten Sinn für Familie und Zusammenhalt.

Persönliche Notizen:

____

____

____

____

____

3. Spielfeld
die Geburtsstunde des ICHs/Ego`s - Macht - Kämpfer - Kraft

>ICH-Orientierung<

1. Wandlungs*Phase - Pubertät

Zeit: Beginn vor etwa 20 000 Jahren
Heutige % Zahl im westlichen Europa: ? („Pubertiere“)

Das 3. Spielfeld ist die **Geburtsstunde des individualisierten Selbst**. Es herrscht rohe Gewalt, der Kampf um begrenzte Ressourcen beginnt. Mit Leidenschaft gilt das Gesetz des Stärkeren. **Zum ersten Mal entwickelt sich ein starkes „Ich**“.

Dies ist die Werte*Ebene der angehenden Super-Helden, Ritter und Cowboys.

Hier entwickelt der Mensch nicht nur ein starkes ICH, sondern auch erstmals ein individuelles Selbst.
Es geht um den **Selbstausdruck**.
Wer bin ich?
Das Selbst befreit sich aus der Identifikation mit dem Stamm und drückt sich **impulsiv** und ziemlich **egozentrisch** aus...
Dies ist der erste Schritt in Richtung Unabhängigkeit.

Wichtige Werte sind:
Stärke, Ehre, Mut, Macht, Führungsanspruch, Respekt bekommen, cool sein, unnachgiebig sein, leichtsinnige Freude, Spaß, Genuss, Risiko, Dramatik, Spontaneität, kreative Kraft, Durchsetzungsvermögen, Sieg, Sieger, Gewinner, Unabhängigkeit, Eigenständigkeit, Verliererimage vermeiden, Abenteuer, den „Kick“ suchen.

Wenn Menschen auf dem 3er Level ihre Erfahrungen machen, denken sie:
**„Die Welt ist rau und hart - nur der Stärkste überlebt“.
Durch diese Weltsicht verhalten sie sich oft hart, aggressiv und gewissenlos!**

Charakterzüge: Egozentrisch, die impulsive Jagd nach der Befriedigung eigener Bedürfnisse. Narzisstische Prägungen werden hier gelegt.

Die Eigenschaften dieser Ebene:
Das Selbst will sich hier und jetzt ausdrücken und schert sich nicht um andere.

Die Probleme dieser Ebene:

- Leben mit Selbst*bewusst*sein fehlt
- Es gibt weder ein Gewissen noch Schuldgefühle
- Nulltoleranz

Ängste:

- Existenz-Angst
- Angst, ein „Nichts“ und „Niemand“ zu sein
- Angst davor, keinen Respekt zu bekommen

Was eine Krise auslöst:
Die mächtigen Besitzenden werden nicht länger erduldet, akzeptiert und hingenommen.
Die Benachteiligten und Unterdrückten setzen sich gemeinsam zur Wehr und kämpfen für ihre Rechte.
Nach und nach erwacht ein Bedürfnis nach strukturierter Disziplin. Es wird begriffen, dass das Leben endlich ist, egal wie stark und mächtig man ist.
Die Suche nach Sinn und transzendenter Ordnung mit Autorität beginnt.

Gottesbild:
Machtgötter - Vernichter - Feinde

Wie organisiert man sich:
Kämpferisch, aggressiv, impulsiv, bedrohlich wirkend

Beispiel: *Verkäufer benötigen einen starken 3er-Anteil, um sich auf dem rauen Markt zu behaupten. Auch* ***Führungskräfte*** *benötigen eine* ***Umsetzungskraft****, um als Vorbilder akzeptiert zu werden.*

Sind die 3er -Anteile konstruktiv in eine reife Persönlichkeit integriert:
lebt der Mensch **innovativ, kreativ, proaktiv, kraftvoll und lebendig**. Er kann dann schnell die Initiative ergreifen.
Der Fokus liegt auf einer **Gegenwartsorientierung** und es geht **um Konkretes** (nicht um Ideen und Konzepte).

Persönliche Notizen:

4. Spielfeld

Recht und Ordnung - Regeln - Hierarchien - § Gesetze

Die wichtigsten Grundregeln zum Bändigen des Chaos werden erstellt.

>Gruppen*Orientierung<

Zeit: Entstand vor etwa 4000 Jahren
% Zahl im westlichen Europa: 30%

Die Aufgabe:
>**Wie bekommt man Kontrolle über einen wildgewordenen Haufen Raufbolde und Cowboys** (also der 3er Ebene)**?<**

Hier **entwickeln sich** in der Evolution der Menschheit nun **erstmals Hochkulturen mit allgemein-gültigen Regeln und Gesetzen**.

- Das **Faustrecht** der 3er-Ebene **wird** durch allgemein-gültiges Gesetzeswerk **ersetzt**.

Wichtige Werte der 4er-Ebene sind:
Recht & Ordnung, grundlegende Struktur, Loyalität, Handschlag-Qualität, Ehrlichkeit, Wahrheit, Echtheit, Authentizität, Gerechtigkeit, Genauigkeit, Gründlichkeit, Prinzipientreue, Moral, Tugenden, Höflichkeit, Disziplin, Gehorsam, Zuverlässigkeit, Stabilität, Klarheit, Gewissheit, Perfektionismus, Pflichterfüllung

Die Gesellschaftsordnung in der 4er-Kultur ist **stark hierarchisch organisiert**.

- **Der Mensch ordnet sich der Autorität des Staates unter.**

Die Eigenschaften der 4er-Ebene:

- das Selbst opfert sich für späteren Lohn (im Himmel usw.)
- dämmt rohe Gewalt (aus Stufe 3) ein.
- richtig & falsch Bewertungen/Unterteilungen
- sie beanspruchen für sich die alleinige, absolute „Wahrheit“ (nur sie haben recht... alle anderen liegen falsch oder sind ihrer Meinung nach dumm und blöd)
- Die Liebe ist ein Teil des Glaubens
- Ein dauerhafter Seelenfrieden will erreicht werden.

Die Probleme der 4er-Ebene:
Einengend - rechthaberisch - dogmatisch - Lebensumstände verändern sich (Sicherheitsverlust)

Ängste:

- Regeln zu brechen
- verstoßen zu werden

Gottesbild:

- es gibt nur EINEN Gott und Schöpfer (nur das was ICH glaube, ist richtig)

- Gottvater (männlich mit langem, weißen Bart) ist der Erzieher, der Richter, der Strafende, der Gesetz-Geber
- unsichtbarer Allmächtiger

Das 4er Wertesystem war prägnant in der katholischen Kirche im Mittelalter,... Galileo war gezwungen, seine Erkenntnisse zu widerrufen,... zahlreiche Menschen landeten auf dem Scheiterhaufen, wenn es der Obrigkeit gefiel oder dies von den Machthabern so angeordnet wurde.

Verordneter Organisationsstil:
Moralisch - belehrend - gesetzlich - bürokratisch - Autoritätsstruktur

Berufszweige:
Religion (Kirchenvertreter), Gesetzeshüter (Polizei, Gerichtsvollzieher, Sicherheitsdienst, Ordnungsamt..), Großunternehmen...

Was eine Krise auslöst:
Die Menschen dieser Bewusstseinsstufe beginnen sich zu fragen, warum sie eigentlich auf ihr Vergnügen im Leben verzichten sollen. Sie wollen es JETZT erleben und nicht bis zum Nimmerleinstag (oder nach Corona) warten.

Eine Erschütterung des festen Glaubens findet auf dieser 4er Ebene statt wie z.B.

- beim festen Glauben daran, dass es eine Gerechtigkeit in der irdischen Rechtsprechung gibt

oder

- die Überzeugung, dem ehrwürdigen Gottesdiener dein Kind in seinen Schutz geben zu können...

oder

- dem netten Onkel zu vertrauen, ohne zu ahnen, dass er kleine Mädchen bevorzugt (narzisstisch veranlagte „Tanten" gibt es natürlich auch)... usw.

Sind die 4er-Anteile konstruktiv in eine reife Persönlichkeit integriert:

- hat die Person **Stabilität** und **Verantwortungsbewusstsein**.
- sie ist **pflichtbewusst**, **setzt sich für Recht, Ordnung und das Allgemeinwohl ein**,
- ist **gut organisiert** und **systematisch** in ihrem Vorgehen.
- sie ist **loyal** zu ihren Autoritäten und hat **Handschlag-Qualität** in ihren Vereinbarungen.

!!!Achtung!!!
Treue - Loyalität und Glauben wird (oft später erst) **belohnt**!
Darum gebt niemals auf, die universellen Gesetze sorgen IMMER für Gerechtigkeit. Es kommt das zu dir zurück, was du zuvor in die Welt hinaus gegeben hast … *auch wenn es erst später ist…*

Persönliche Notizen:

____

____

____

____

____

5. Spielfeld
Wissenschaft - Vernunft - Leistung - streben nach Erfolg & Glück

Dies ist das Feld der Mentalen-Verstandes-Ebene.
>ICH*Orientierung<

Zeit: Beginn vor etwa 400 Jahren (Renaissance)
Heutige % Zahl im westlichen Europa: 40% der Erwachsenen

Glaubenssätze:

- **nur Leistung zählt**
- **die Wissenschaft findet die Wahrheit**
- **ohne Fleiß kein Preis**

Der Einzelne erkennt den **Sinn von Recht und Ordnung** an und beginnt nun gleichzeitig, nach **persönlichem Erfolg** zu streben. Das EGO feiert Hoch*Zeit. **Das Streben nach dem eigenen Glück** und **maximalen Erfolg ist jetzt wichtig**. Er sieht die **Welt voller Möglichkeiten und Chancen.** Regeln und Gesetze werden „zielorientiert interpretiert", eventuell teilweise gebogen, zumindest aber nicht mehr ganz so wichtig genommen.

Wichtige Werte der 5er-Ebene sind:
Wissen, Erfolg, Wohlstand, unternehmerisches Denken, Paradoxon, Leistung & Einsatz, Herausforderung, Karriere, Gewinn, Ziel- und Ergebnisorientierung, Produktivität, Wertschöpfung, „der Beste sein", Marktplatz der Möglichkeiten, Wachstum, Expansion, finanzielle Freiheit, ausgezeichnete Leistungen, Wettbewerb belebt, Pragmatismus, Belohnung, „größer & besser", Fortschritt, Wissenschaft, Marktwirtschaft, „alles ist möglich!"

In der 5er-Ebene ist entstanden:
die Industrialisierung - Demokratien - Banken - multinationale Großunternehmen ... in den **Berufsgruppen** findet man Richter, Rechtsanwälte, die das Recht (4er Ebene) vertreten... Lehrer... Bänker...

Die Erkennungsmerkmale der 5er-Ebene:
ist ein **ausgesprochener Optimismus für die persönliche Zukunft mit ihren Möglichkeiten und Optionen**. Diese Zukunft verheißt Wohlstand, ein schönes Leben mit Genuss und gesellschaftlicher Anerkennung.

Menschen mit einer 5er-Ziel-Orientierung:

- **möchten sich mit anderen messen** und
- **zeigen, dass sie mehr als andere können**.
- sie möchten gesellschaftlich weiterkommen,
- sind karriereorientiert und
- streben Erfolg und Wohlstand an.

Mit den Werten der Ziel- und Ergebnisorientierung liegt der zeitliche Fokus neben der Gegenwart zum ersten Mal auch auf der kurzfristigen Zukunft.

Die Eigenschaften dieser Ebene:
5er Menschen sind erfolgsorientiert und materialistisch —>
Das Selbst kalkuliert die eigenen Interessen, um nicht in Konflikt mit anderen zu geraten.

Die Probleme dieser Ebene:
Rücksichtslosigkeit, Ressourcenverbrauch, Gefühls-Kälte

Ängste:
- Ansehensverlust,
- Erfolglosigkeit,
- Scheitern,
- die Sorge, keinen angesehenen Status zu bekommen,
- keine Position zu erreichen, die erlaubt, die eigenen Bedürfnisse zu erfüllen.
- Kontrollverlust und die Angst, die Zügel nicht mehr in der Hand zu haben, um das eigene Schicksal zu lenken.

Dies löst eine Krise aus:
- Leere und Einsamkeit, trotz materiellem Erfolg
- Sinnlosigkeit empfinden
- Auf der Suche nach dem eigenen Glück und materialistischem Erfolg entsteht das Gefühl, sein Herz und seine Seele verloren zu haben.

Gottesbild:
verlorener, verbogener, persönlicher Gott (außerhalb der Kirche)

Wie organisiert man sich:
rational, professionell, wachstumsorientiert, materialistisch

Der 5er Mensch steht an einer Weggabelung
Am Verhalten und der Haltung eines „alten Oberschullehrers“, der mit erhobenen Zeigefinger auf andere herabschaut, am „Besserwisser-Syndrom“ und der Selbsteinschätzung, der oder die Beste zu sein (und die anderen alle für dumm und nichtwissend hält), erkennst du

die unausgereifte Form der 5er-Menschen. Sie sind überzeugt davon, die Quelle der Weisheit in sich zu tragen, sind oft sehr überheblich und bewertend. Sie sind sich sicher, am Gipfel des Wissens angekommen zu sein. Das ist jedoch ein großer Trugschluss, denn ab hier beginnt erst das wahre Leben!
Tatsächlich sind sie an einem Ende angelangt, jedoch ist das der Rand der Dualität! Nun gilt es, über den Tellerrand hinauszuschauen, denn hinter dem Horizont geht's weiter... viiiel weiter... ab hier beginnt erst das wirklich schöne Leben.
Diese Menschen kommen demnächst an den Punkt, an dem das Leben sehr eng für sie werden wird und sie müssen das Nadelöhr finden, durch das sie in eine ganz neue Seins-Ebene gelangen können.
Es erwacht ein Bedürfnis, Sinnvolles tun zu wollen. Der Wunsch entsteht, einen Beitrag fürs Gesamtwohl zu leisten.

Das Wissen ist da... doch die Umsetzung bringt erst die Veränderung... die dann auf Level 7 zur Weisheit führt.
Diese Bühne wird oft Jahrzehnte bespielt... sie hängen fest, drehen sich ständig im Kreis und kommen einfach nicht weiter...

Persönliche Notizen:

____

____

____

____

____

6. Spielfeld

das **Love, Peace & Harmonie Level**

Das WIR gewinnt - Teamgeist - Gemeinschaft - Gleichberechtigung - Emotionale Gefühlswelt

>Gruppen*Orientierung<

Zeit: Beginn in den 60ern
% Anteil an der westlichen Welt: 20 - 25%

- Rückbesinnung auf menschliche Werte
- Soziales Engagement
- Love, Peace & Harmonie steht über allem
- die Grüne Welle, in der es um Ausgleich, Gleichberechtigung und soziales Engagement geht
- das Feld der Emotionen und Gefühle

Die Entwicklung der 6er- Werte*Ebene:
Teamgeist, Zulassen und Ausdruck von Gefühlen, Beziehungen, Wertschätzung, Gruppenharmonie, Gruppen-Wir-Gefühl, Kollegialität, Harmonie, Zusammenarbeit, Menschlichkeit, einfühlsam sein, Gleichheit, Kooperation, soziale Verantwortung, Verständnis für andere, Friede & Liebe, Konsens-Zustimmung aller einholen, Gemeinschaft, Networking

Aus gesellschaftlicher Sicht ist im Konzept der sozialen Marktwirtschaft das „soziale“ (die 6er-Balance) zur 5er-Marktwirtschaft hinzugekommen, was bedeutet:
Gleiches Recht für alle... z.B. in Ausbildung, am Arbeitsplatz, Gesundheitswesen, Altersvorsorge und soziale Absicherung.

Die Eigenschaften und Einstellung dieser Ebene:

- das Selbst ist bereit, sich für andere aufzuopfern.
- Betonung der zwischenmenschlichen Werte.
- jeder darf sein Weltbild haben
- Wertschätzung jeden einzelnen Menschen
- starker Harmoniewunsch
- Schutz der Umwelt

- oft Ablehnung von Hierarchien

Soziale Institutionen und Netzwerke sind dieser Ebene zuzuordnen.

Die Probleme dieser Ebene:

- Harmoniebedürfnis - geht Streit und Unstimmigkeiten lieber aus dem Weg, um die Harmonie nicht zu gefährden
- Gruppenzwang
- Intoleranz gegenüber den Intoleranten
- JEDER muss gehört werden, alle müssen ins gleiche Boot.
- sehr oft sind keine Entscheidungen möglich - es geht nicht vorwärts, weil es keine Einigung gibt. Meist passiert dann gar nichts, was einen Stillstand bedeutet!)
- an alten Ritualen (Spiritualität) festhalten

Ängste:

- Verlust der Welt
- Verlust der Gruppe

Auslösende Bedingungen für eine Krise:
Wenn die eigenen Energien zunehmend aufgebraucht sind im Kampf um Konsens und Beitrag für die Gemeinschaft, wird die Krise eingeläutet. Sehr individuelle Ansichten, Gefühle und Ziele scheinen plötzlich nicht mehr zum Kollektiv zu passen. Zunehmend gibt es Streitigkeiten und Missklänge, was der 6er Mensch vor lauter Harmoniebedürfnis bisher vehement zu vermeiden wusste. Dieses Ungleichgewicht führt zum Wunsch, sich doch wieder alleine auf den Weg zu machen.
Da dieser Mensch sich bisher viel zu viel nur um Gemeinschaft, Gruppe und Harmonie mit allen seinen Mitmenschen gekümmert und sich stets um Anerkennung bemüht hat, hat er nun seine eigenen Interessen inklusiv seine Umwelt aus den Augen verloren. Regelrecht stürzt das Dach über seinem Kopf zusammen, wenn er sich nicht auch UM SICH SELBST kümmert.

Gottesbild:

- Freund der Menschen,
- barmherziger, mütterlicher Gott, in allen Religionen
- Gott ist Liebe

Organisationsstil:
Sozial engagierter Stil, spirituell interessiert, teamorientiert, soziales Netzwerk

Persönliche Notizen:

____

____

____

____

____

7. Spielfeld

Frieden - Weisheit - Freiheit - Lernen
> Die Love it - change it or leave it - Ebene“<
>ICH*Orientierung<

Zeit: Beginn Mitte der 70er Jahre
% Zahl im westlichen Europa: 1-2%

- **die Friedens & Weisheits-Ebene**
- **Integration!**
- **Verständnis für alle Menschen** (Ebenen/Level/Spielfelder)

Das Wissen will gefühlt und INTEGRIERT werden. Dies geschieht im Weisheits* und Friedens*Feld - auf Level 7. Ab hier ist alles möglich. Hier gelten Strukturen auf höherer Ebene, die im Spielfeld 4 als Grundlagen gelegt wurden.

Autonome Selbststeuerung und Integration - in übergeordnete Systeme - werden in ein Gleichgewicht gebracht.
Die **eigene Persönlichkeitsentwicklung** tritt nun **erstmals selbstbezüglich in den Fokus** der Motivation.

Der Mensch auf der 7er-Ebene

- möchte **sich selbst verwirklichen**.
- das **Denken wird langfristig und strategisch.**

Wichtige Werte sind:
Systemdenken, Freiheit, Lernen, Wissen erweitern, Wissensmanagement, Persönlichkeitsentwicklung, Neugier, Talententfaltung, Individualität, Individualisierung, Selbstverwirklichung, geistige Unabhängigkeit, Vision, Überblicksdenken = das „Big Picture", Einzigartigkeit, Synergie, Inspiration, Virtualisierung, Zusammenhänge erkennen, Kompetenz, Funktionalität, Nützlichkeit, langfristige Strategien, Flexibilität, Raum für Vielfalt und individuelle „Wahrheiten."

Die Eigenschaften dieser Ebene:

- das Selbst ist am momentanen Selbstausdruck interessiert, aber nicht auf Kosten anderer!
- die reifere Struktur-Form von Level 4
- ab Level 7 ist Selbstcoaching möglich

Die Probleme dieser Ebene:

- wiederherstellen der Lebensqualität in einer „kranken" Welt
- etwas fehlt…

Ängste:

- erstmals **ANGSTFREI**!
- jedoch Sorge um die Welt
- Angst ist nicht wirklich mehr handlungsbestimmend, sie wird aufgelöst, ebenso wie impulsintensives Reagieren.

Aggressivität ist nicht mehr länger eine handlungsbestimmte und treibende Kraft! Zwar mag sie noch fühl- und erlebbar sein, doch sie ist dem Ziel untergeordnet, die Lebensgrundlage auf der Erde für zukünftige Generationen zu wahren.

Was eine Krise auslöst:
Die Erkenntnis, dass er selbst, ebenso wie die Wissenschaft niemals alles Wissen kann, dass er unbekannten Kräften, die noch nicht erforscht sind, ausgeliefert ist.

Gottesbild:
Zusammenhang von Mensch & Gott als Einheit

Organisationsstil:
Systemtheoretisch, weltlich, geschäftsmäßig

Informationeller Stil:
Projektbezogene, minimale Strukturen/Präsenz. Systemischer Prozess

Persönliche Notizen:

8. Spielfeld

Nachhaltigkeit - globale Einheit - Selbst-Aufopferung

>Gruppen*Orientierung<

Zeit: Beginn etwa 1987
% Zahl - erreicht haben dieses Level erst etwa: 0,1% der Bevölkerung

Selbst-Aufopferung für eine Welt, die vor dem Zusammenbruch steht. Integration zum Wohle allen Lebens.

WIR sind EINS... Wir sind eine Welt - das Selbst wird für das Große und Ganze „geopfert". Level 8 ist die reifere Form vom Spielfeld 6, in der Opfer bringen nichts mehr mit Mangel und Verzicht zu tun hat, sondern mit gefühlter Einheit und tiefen inneren Frieden. Hier erkennst du, dass alles miteinander verbunden ist und auch alles in irgendeiner Form zusammen hängt.

Die zentralen Werte der 8er-Ebene sind:
Ganzheitliches und globales Zugehörigkeitsgefühl zum Planeten Erde, Nachhaltigkeit, **Ganzheitlichkeit**, Biosphäre, Synthese, **Integration zum Wohle allen Lebens**, Transzendenz, Biodiversität, Ökosystem, Nachwelt und zukünftige Generationen, globale Verbesserung, langfristige Konsequenzen, **Weltfrieden**, holistische Sicht, **emotional/spirituelle Balance**, Demut, global denken und lokal handeln. Holographie.

Die Eigenschaften dieser Ebene:

- die reifere Form von Level 6, die 8er können alles ganzheitlich betrachten und sehen.
- (spirituelles) Netzwerk von allem, was existiert

Die Probleme dieser Ebene:

- Es fehlt die Führung

Ängste:
Keine - aber Sorge um die Welt besteht weiterhin.

Die intuitive Seins*Ebene beginnt
Hingabe, an das was ist... die Erkenntnis, dass es vieles gibt, was mit dem Verstand niemals verstanden werden kann. Bewusstseinserweiterung findet statt. Du erfährst die Wirklichkeit ohne sie wirklich zu begreifen und sie zu verstehen. Du akzeptierst was ist. Keineswegs ist deine Haltung passiv, sie ist erhaben, ehrwürdig und bewusst. Es ist die Haltung einer Königin und die des Königs.

Der Charakter entwickelt sich dem entsprechend.
Akzeptiere, dass du nicht-alles-wissen-kannst und opfere die Idee, du könntest jemals alles vollständig begreifen. Die Notwendigkeit des Lebens - wie es ist - gilt es zu erkennen und die notwendigen Widersprüche und Gegensätze des Lebens zu akzeptieren. Die Unterstützung von Menschen - ihrer jeweiligen Entwicklungsstufe entsprechend - verändert sich, es ist von hier an ein warmherziges Begleiten ohne zu intervenieren.
Auslösende Bedingungen für eine Krise sind derzeit noch keine bekannt. Sehr besonnen und in Verbindung mit den geistigen Ebenen (Universum) geht es in ein Leben, welches gleichzeitig

in beiden Bereichen - irdisch und in der geistigen Welt - stattfindet.

Als Beispiel fallen mir der Zen-Meister LAO-TSE und BUDDHA ein. Auf diesem Level sind Menschen zu finden, die sich in ihrer spirituellen Praxis ebenso mit dem nicht-menschlichen Universum verbinden und ihr Bewusstsein in diese >Räume< ausweiten. Es ist ein über diese (begrenzte) Welt Hinauswachsen, um die Welten miteinander zu verbinden.
Du weißt: wir leben in der besten aller möglichen Welten. Dir ist voll bewusst, dass alles einen übergeordneten Sinn macht und am Ende alles gut sein wird. Und du weißt auch, wenn es jetzt noch nicht gut ist, dann ist das Ende auch noch nicht erreicht. Jedes Ende birgt einen neuen Anfang. Menschen in dieser Entwicklungsebene haben ihren Fokus auf den Neubeginn und nicht auf das Ende ausgerichtet.
Mit Naivität hat die Idee, in der besten aller möglichen Welten zu leben, nichts zu tun. Es leugnet keineswegs das große und tatsächliche Übel, das es derzeit auf der Welt gibt, noch wird es schöngeredet. Vielmehr ist es ein Bewusstsein auf einen notwendigen Zusammenhang zwischen Gutem und dem Übel.
Sie wissen, dass es >Gutes< gäbe, das nur zum Preis der Existenz von >Übel< zu haben ist. Mit anderen Worten: lass das Konstrukt (Illusion) der Dualität los und widme dich der Wirklichkeit. Die wirkliche Welt ist die beste. Sie ist wirklich und wahrhaftig. Nicht der derzeitige Zustand der Welt ist der bestmöglichste(!), sondern die Welt mit ihrem Entwicklungspotenzial ist es! Da bisher nur 0,1% der gesamten Menschheit diese Entwicklungsebene erreicht haben, gibt es noch viiiel Potenzial, das sich entwickeln muss.

Gottesbild:

- Gott ist hoher Geist
- pulsierender Prozess
- Poet der Welt
- verbunden mit allem, was ist
- spirituelle Geisterstämme

Persönliche Notizen:

____

____

____

____

____

9. Spielfeld
Individualität
>ICH*Orientierung<

Zeit: Bildet sich gerade
% Zahl: Bisher nur wenige Menschen

Ab **Spielfeld 9** geht es ganz um Individualität - also DU in deiner reinsten, höchsten Form. Dieses potenziert sich noch weiter in den Ebenen 10 bis 12 und bringt dich ganz in deine Strahlkraft. Es geht um die Erschaffung einer neuen Welt… in dir… für dich… und letztlich für uns alle.

- Handeln aus der Einheit heraus (Göttliches Gedankenfeld /Quelle /Universum/G4)

- Individuelle Erfahrungs*Stufe

- Handeln aus dem Verständnis der Menschen, des Universums und der Einheit mit ihnen

Die Eigenschaften dieser Ebene:
- erfahrungsorientiert, global denkend, synergistisch.
- das Selbst ist jetzt bereit sich zu opfern, damit das Leben weitergehen kann.
- holistisches Denkvermögen

Die Probleme dieser Ebene:
keine

Ängste:
keine

Gottesbild:
Wir sind alle eins und
in der Einheit mit Gott (Universum), der Quelle.

Persönliche Notizen:

____
____
____
____
____

In den Level 10 - 12, die ich die „göttlichen Ebenen" nenne, geht es individuell weiter. Die Entwicklung findet (Stand heute) ausschließlich im geistig spirituellen Bereich statt. Bislang sind nur ein paar wenige Menschen in diesem erwachten Zustand. Wenn du diese Ebenen erreicht hast, lebst du im Paradies, im Garten Eden (obwohl du den Planeten nicht verlassen hast und immer noch einen Körper trägst).

Weder das Universum, noch das Paradies - der Garten Eden - findest du außerhalb von dir, es ist IN DIR! Dort war es schon immer, wir hatten es nur vergessen!
Jetzt ist die Zeit gekommen, es wieder zu finden und deinen Platz dort (wieder) einzunehmen.
Die Heldin in dir, die einst in deinem Leben auf der 3er Ebene (deiner Pubertät) erweckt wurde, macht sich jetzt ganz bewusst auf den Weg.
Die erste Frage, die es zu beantworten gibt ist:

- wer bin ich wirklich?
- was macht mich einzigartig?
- und was braucht es denn noch, damit ich mich traue, endlich loszugehen und MICH SELBST zu finden?...

.... und somit dein Leben selbstbestimmt und glücklich, voller Lebensfreude leben zu können!

So sind wir wieder bei der Heldenreise angelangt, denn bei der Reise des Helden und der Heldin, geht es darum, zu erkennen, wer du wirklich bist. Es geht darum, dich deinen Herausforderungen in deinem aktuellen Entwicklungsfeld zu stellen und darüber hinauszuwachsen, um den Quantensprung von einer Ebene in die nächste machen zu können.

Merke: Die Lösung unserer Probleme, finden wir IMMER auf der nächst höheren Stufe und nie im gleichen Feld, in dem sie entstanden sind!

Das nennt sich Entwicklung... das ist gemeint mit: **wachse über dich selbst hinaus**... **stell dich deinen Schatten... zähme den Drachen und lerne auf ihm zu reiten.**

Wie bereits gesagt, werden immer **3 Spielfelder „bespielt", innerhalb dieses Feldes machst du deine Lebenserfahrungen und wächst über dich selbst hinaus.**

Nochmals zur Erinnerung
Dieses Erfahrungsfeld beinhaltet:

- das, was hinter dir liegt,
- das, was jetzt ist und
- das, wo du hin willst.

Die Spielfelder der Entwicklung kannst du 1:1 im Außen - inmitten deines Alltags und deines Lebens - sehen, fühlen, entdecken, erfahren.

Ich fasse sie für dich zusammen:

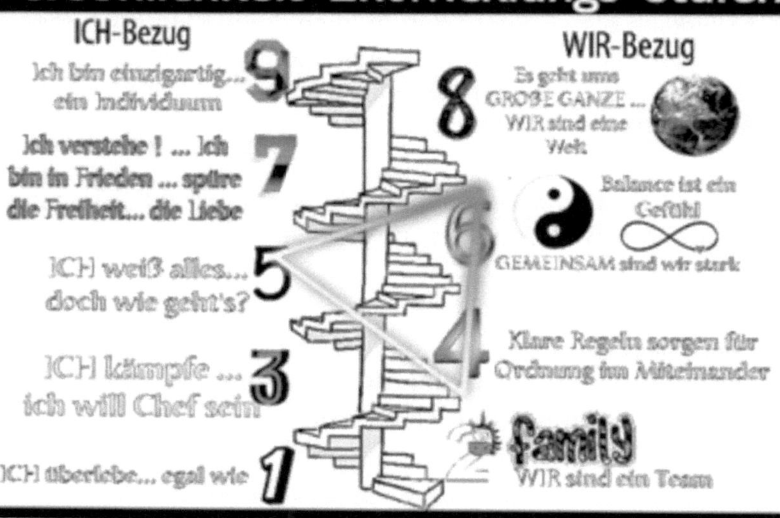

Persönlichkeit*Entwicklungs*Stufen
ICH-Bezug
WIR-Bezug
9
Ich bin einzigartig... ein Individuum
8
Es geht ums GROßE GANZE ... WIR sind eine Welt.
7
Ich verstehe ! ... Ich bin in Frieden ... spüre die Freiheit... die Liebe
6
Balance ist ein Gefühl
GEMEINSAM sind wir stark
5
ICH weiß alles... doch wie geht's?
4
Klare Regeln sorgen für Ordnung im Miteinander
3
ICH kämpfe ... ich will Chef sein
2
family
WIR sind ein Team
1
ICH überlebe... egal wie

Die DREI magischen Spielfelder
in ihren Eigenarten, Lernfeldern, Entwicklungspotenzialen

Spielfeld 1 - 2 - 3
1 - die Geburt ist geglückt
2 - die Familie (Clan) sorgt um das Kind
3 - bis sich „das Kleine" zum ersten Mal selbst entdecken will.

- das Ego ist schwach
- das ICH ist abhängig, fremdgesteuert und wird manipuliert
- das Leben ist in großer, absoluter Abhängigkeit.

Beim Baby und Kleinkind ist diese Entwicklungsphase absolut normal - bei Erwachsenen wäre sie besorgniserregend, denn dann wäre die Energie abbauend („negativ")

... und das Leben dadurch oft tragisch, hoffnungslos, „böse", elendig.

Gefühlte Emotionen und Themen der Erfahrungsfelder: Trauer, Kummer, Scheitern, Verzweiflung, Hoffnungslosigkeit, Aufgabe, Schuldgefühle, Bosheit.

Das Kind in der Prägephase
Hinweis: Wenn das Baby und Kind in einer liebevollen Familie aufwächst, dann hat es lebensbejahende Prägungen erhalten und wird geradewegs fröhlich, leicht, kraftvoll gestärkt seine weiteren Erfahrungsfelder durchlaufen.
Wenn es aber einen Überlebenskampf von Anbeginn gab und das Kind keine liebevollen, vertrauensstärkende und Sicherheit gebende Familienstrukturen kennenlernte, ist die Prägung dementsprechend gelegt, so dass die gefühlten Emotionen wie Trauer, Kummer, Verzweiflung, Hoffnungslosigkeit bis hin zur Boshaftigkeit als prägende Muster gelegt werden.

In diesem Fall hat der Erwachsene jetzt die Aufgabe, seine alten, familiären Lebensgeschichten zu erkennen, zu verarbeiten und Frieden damit zu schließen.

Das Leben entwickelt sich ständig weiter

Die 3er Ebene steht jetzt - pubertär - im Mittelpunkt der Entwicklung.

Spielfeld 2 - 3 - 4
Das Überleben (1) ist gesichert, das Feld wird verlassen. Überlebensängste braucht das Kind nun keine mehr zu haben, es wird nun lernen, sich selbst zu versorgen.

Die magische Drei setzt sich in diesem Fall zusammen aus Ebene 2 - 3 und 4.

2 liegt in der Vergangenheit. Die Familie (Clan, Sippe) war ein überlebenswichtiger Teil, der das Kind hat reifen und wachsen lassen. Sie gab ihm (im besten Fall) Sicherheit und ein Gefühl von Zusammenhalt wuchs in ihm heran.
Manchmal geht das auch schief - nämlich dann, wenn die Eltern (Clan) dies selbst auch nicht kennen und erfahren haben.

Wenn die 2er-Anteile konstruktiv in eine reife Persönlichkeit integriert sind:

- ist der Mensch **loyal** und **vertrauenswürdig**.
- er ist stolz (z.B. auf sein Unternehmen, Familie) und hat einen ausgeprägten Sinn für Familie und Zusammenhalt.

Das Energielevel ist aufbauend.
Meist leben sie im Haben und Egoismus, im Materialismus, sind in künstlichen Systemen eingebunden und sind abhängig vom Kollektiv.

Das Leben wird in der Pubertätsphase (egal, wann diese ausgelebt wird - bei manchen dauert die Pubertätsphase bis ins „Mittelalter“) anspruchsvoll, feindselig, enttäuschend, beängstigend.

Stolz, Angeberei, Arroganz, Verachtung, Ärger, Wut, Zorn, Hass, Aggression, Gier, Begehren, Verlangen, Selbstverklärung, Angst, Rückzug gehört mit zu der Erfahrung in Level 3.

Sind die 3er -Anteile konstruktiv in eine reife Persönlichkeit integriert:
lebt der Mensch **innovativ, kreativ, proaktiv, kraftvoll und lebendig**.
Der Fokus liegt auf einer **Gegenwartsorientierung** und es geht **um Konkretes** (nicht um Ideen und Konzepte).

Ins Level 4 zu wachsen, bringt die Neutralität. Das Leben wird meist mit mäßiger Begeisterung in Kollektiven gelebt. Es ist befriedigend und machbar.

Neutralität, Zuversicht, Vertrauen, Mut, Ermächtigung, Courage, Bejahung und Integrität ist das Lernfeld des 4er Levels.

Ein Hinweis am Rande:
Vielleicht ist es dir bereits aufgefallen, dass diese Heldenreise mit >Vertrauen< beginnt. Der Held/ die Heldin erwacht auf Level 3 –> Mit dem 1. Helden*Schritt (>MONA` OHA - ohne Vertrauen geht's nicht<, im 1. Meilenstein) - wechselt er/sie in die

nächste Ebene, ins Level 4… ab hier beginnt deine Reise in dein neues Leben;) … und wir lassen aber auch schon das Level 6 (als Anker) mitschwingen, indem wir die innere Ruhe in der Zentrierungsübung *Lichtsprache - die kosmische Reiseapotheke* mit anklingen lassen.

Um ins Spielfeld der **4 - 5 und 6** zu wechseln, in der das Leben positiv, bedeutungsvoll, harmonisch und hoffnungsvoll wird, steht jetzt Vernunft, Intellekt, Verstand/ Wissenschaft, Akzeptanz, Produktivität, Verzeihen, Erfolg, Bereitwilligkeit und Optimismus auf dem Programm.

Das noch manipulierte ICH (deine manipulierte Persönlichkeit) darf sich nun vollständig auflösen.

Spielfelder 5 - 6 und 7
ist positiv hinterlegt und meist leben diese Menschen in Kollektiven nach künstlichen Systemen und abhängigen und fremden Glaubensmustern.

Der große Sprung macht sich dann auf der **6er - 7er** und **8er Ebene** deutlich bemerkbar.

Das eigene personifizierte ICH in der Natürlichkeit leben, ist das Ziel. Meist leben sie in kleinen Dörfern. Ihr Leben ist vollständig und gütig.

Freude, Bedingungslosigkeit, heitere Gelassenheit, Vergebung, ebenso wie Liebe, Verehrung, Dankbarkeit, Schönheit, Aktivierung von begrenzten Selbstheilungskräften ist möglich.

Das individuelle ICH - leben im Sein - ist vollkommen - im **Level 7 - 8 und 9.**

Konzeptlosigkeit - von falschen und veralteten Glaubensmustern weg zu universellen Gesetzen.
Erleuchtung, Frieden, Glückseligkeit, Durchlichtung, kosmische Heilung ist möglich.

Das ist das Ziel deiner Heldenreise!
Willkommen in deinem neuen Leben - ab hier beginnt eine neue Ära für dich...

Wie das Leben in Level **8 - 9 und 10** (aufwärts) ist, lässt sich nicht verallgemeinert sagen. Hier findest du reines Bewusstsein in der Ganzheit, Transzendenz und Überschreitung der endlichen und eigenen Erfahrung bis zur Urquelle. Dein persönliches ICH ist verwoben mit deinem göttlichem Ich (bezogen bis zur Urquelle).

Ein natürlich-göttliches - mit der Urquelle verbundenes, individuelles Ich.
Diese Menschen leben meist als Einsiedler und bereiten sich auf die Erschaffung der Neuen Welt vor. Das Energiefeld QUINTAAS beginnt ab Level 9, dem Individuum.

P.S. Was QUINTAAS genau ist, erfährst du auf der Reise während der 36 Schritte des Erwachens.

Für unsere Gesellschaft heißt das:
Mit dem, wie jeder Mensch in seiner persönlichen Entwicklung reift - Level für Level - verändert sich automatisch unsere gemeinsame Welt!

Jede Ebene (Level, Spielfeld) stellt eine Lösungsstrategie und eine Antwort auf eine Klasse von Problemen dar.

Daher kann jede Ebene als eine Verbindung zwischen einer Gruppe von Problemen bzw. Herausforderungen angesehen werden, die sich Menschen ausdenken, um mit den entsprechenden Problemen fertig zu werden.

Wenn du jetzt also anfängst, deine eigene innere Welt zu verändern, tust du gleichzeitig auch einen Dienst fürs Kollektiv unserer Gesellschaft. Und auch wenn das Bewusstsein von den meisten Menschen noch nicht so weit fortgeschritten ist, dass sie dich verstehen werde, so VERTRAUE darauf (MONA OHA) dass sich alles irgendwann auszahlen wird. Keine Mühe ist vergebens, jede Anstrengung und jede weitere Tiefe die du erreichen wirst, nährt das Licht und die Liebe für dich und für die ganze Menschenfamilie, samt unseren Planeten.
Darum verzage nicht und zweifle niemals an dir selbst. Geh einfach konstant deinen Weg und fühle stets das Licht und die Liebe in dir. Allem anderen schenke keine Aufmerksamkeit, denn Aufmerksamkeit ist Energie und Energie bringt Wachstum.

Tu dir selbst einen Gefallen und

denke und spreche nur noch über das,
was du in deinem Leben - in deinen schönsten Träumen -
wirklich erleben willst!

Alles andere lasse verwelken, indem du dorthin keine Energie mehr verschwendest - okay!?!

Und zum Abschluss gibt es noch den

>Einblick ins Kollektiv<

Die Bewusstseins-Spielfelder, die im Kollektiv der Erdbevölkerung bespielt wurden, waren VOR CORONA auf 3 - 4 - 5 ... Wenn ihr genau hinschaut, werdet ihr merken, dass immer mehr Menschen nach RUHE und HARMONIE rufen und aus dem 3er Spielfeld (des Kampfes) aussteigen wollen. Menschen fordern immer mehr ihre Ruhe, wollen in Frieden sein und in Harmonie leben. Das bedeutet: Das Kollektiv der Menschen hat ihren Anker ausgeworfen auf die 6er Ebene! Um dort anzukommen, muss die 3er Ebene verlassen werden.
Juhuuu....

Ab Level 6/7 aufwärts wird das Leben immer leichter... das garantiere ich dir!
Wie komm ich darauf?

Ganz einfach: weil ich es weiß! Ich habe es selbst erlebt und sehe es ständig auch bei meinen Helden, die ihren Weg zu sich selbst angetreten sind. Die Leichtigkeit und die Lebensfreude kommen so richtig in Fahrt, je höher (bzw. tiefer) du kommst.
Probiere es selbst aus... das Leben ist wirklich schön... also mach dich auf den Weg. Am besten SOFORT... Warte nicht länger... JETZT ist deine Zeit... DU bist der Schöpfer, der Erbauer, der Erschaffer, die Königin, der Chef und die Chefin deines Lebens... DU! Kein anderer... DU bist es!

Und warum gibt es noch so viel Menschen, die scheinbar ohne Bewusstsein auf diesem Planeten wüten?
Die Antwort ist vielseitig, doch kurz gesagt lautet sie:
>Na weil das die Auswirkungen des Experiments sind, das soo viele von uns in ein Vergessen und tiefen Schlaf gerissen hat.<
... Doch auch darüber erfährst du noch mehr auf deiner Heldenreise.

Woran erkennst du SIE - die Schlafenden?

Wer sich ganz und gar dem Verstand anvertraut und ihm die alleinige Führung überlässt, den verkümmert sein Seelenlicht. Seine Seele verdorrt, sein Herz wird kalt wie Eis und hart wie Stein.
Kennst du solche Menschen?
Sie leben und lieben nicht wirklich. Sie sind wie wandelnde Tote. Du erkennst sie an ihren Augen. Sie leuchten nicht, haben einen Schleier. Auch erlauben sie dir nicht, ihre Seele zu berühren oder in diese hineinzublicken. Sie fühlen sich alleine und lehnen alles Liebevolle ab. Gleichzeitig sehnen sie sich aber nach genau dieser Liebe. Sie sind wie Vampire, die nach Licht*und*Liebe*Nahrung lechzen. Sie sind abweisend und vermitteln dir durch ihre Haltung so etwas wie: „Ich bin ich und du bist du. Jeder ist alleine, darum lass mich in Ruh..." Genau so sind sie, unsere Schlafenden, die sich stets so einsam und verlassen fühlen.
Schenke ihnen - anstatt Ärger und Frust zu empfinden - dein Mitgefühl. Und, wenn es geht, auch deine Liebe. Sie können im Moment noch nicht anders. Mache dir bewusst: Auch sie werden wieder aufwachen... und das dauert gar nicht mehr so lange, bis das endlich wieder geschieht.

Wisse:

* auch SIE tragen die Liebe in sich (jedoch ist sie gerade noch unter einigen Vorhängen und Schleier verschüttet.)
* keiner ist jemals alleine!
* keiner steht nur für sich!
* WIR sind alle EINS… und gehören schon immer ZUSAMMEN!

Innere Ruhe & Gelassenheit
das 6er Spielfeld ist in Sicht

Warum Auszeiten für Helden so wichtig sind

Du willst in deiner Persönlichkeits-Entwicklung aus dem Kampffeld der 3er Ebene heraus, um in die 6er Ebene von Harmonie und Ruhe zu gelangen?

Herzlichen Glückwunsch - das ist eine sehr, sehr gute Entscheidung!

Mit diesem Helden*Schritt (im Meilenstein 5) läutest du den Durchgang in die nächste Phase ein. So langsam wird es Zeit, ganz bewusst durch das Portal zu gehen. Von da an ist es sehr wichtig, gut bei dir selbst bleiben zu können, weil die Transformationsphasen dich sehr herausfordern und sie oft sehr anstrengend für dich sein werden. Je besser du dich selbst spürst, du gut geerdet bist und du bei dir bleiben kannst, je kraftvoller wirst du jede Prüfung bestehen können.

Wir kommen auf deiner Heldenreise nun in das Feld von innerer Ruhe (in der Lichtsprache sprechen wir von **ONAR**) und Gelassenheit (wird in der Lichtsprache **TANA ATARA** genannt). Eine Übung gibt es dazu, die ich dir als Mental Training Audio aufgenommen habe. (Frag mich bitte danach, wenn du in diesem Level angekommen bist.)

Kleine Auszeitmomente sind gerade für uns heldenhafte Wesen sehr wichtig. Wir sind die Pioniere, die anderen vorausgehen. Das bringt mitunter recht anstrengende Zeitphasen mit sich. Jedem Menschen tun kurze Ruhe- und Entspannungseinheiten sehr gut. Einfach den Moment dafür nutzen, um aus dem Alltag und dem alltäglichen Wahnsinn dieser höchst anstrengenden Zeit des Übergangs heraustreten und dich hineingleiten lassen ins Energiefeld deines Seelengartens. Von dort aus sieht deine Welt schon wieder gaaanz anders aus.
Diese immer schneller werdende Schnelligkeit nervt kolossal - vor allem wir (hoch)sensible Wesen spüren und reagieren hier sehr

darauf. Zu meinen, ständig erreichbar sein zu müssen, tut das übrige noch hinzu.

Hierbei hilft mir unser Waldhaus als Rückzugsort sehr. Dort habe ich - je nach Wind - mal ein bisschen Empfang, dann auch wieder gar keinen. Zugegeben: manchmal nervt mich das auch, vor allem, wenn ich am Schreiben bin und ganz kurz etwas nachschauen sollte... oder eine andere Datei öffnen will, die aber leider nur Online zugänglich ist und so... doch dieses: >hier tickt die Welt anders<, die >Entschleunigung<, die >Auszeit garantiert ohne Störung< und >Pure-Natur-Stille< ist wirklich etwas ganz Besonderes. Hier bin ich ganz für mich. Es ist ein einsam gelegenes Holzhäuserl, ein ehemaliges Forsthaus (aus dem Hause der Hohenzollern) aus dem Jahre 1860, an einer Waldlichtung, rundherum nur Bäume, Wiesen, Teiche und Waldtiere.

Hast du auch so einen Ort, an dem du dich zurückziehen und ganz abschalten kannst?

In Wirklichkeit sind Momente der Stille, Auszeiten für innere Ruhe und Entspannung, das Spannendste, was es gibt. Denn sobald du in die Stille gehst, kannst du endlich dein geistiges Helfer*Team - das Universum - „hören“. Im Wald höre und sehe ich noch viel mehr - ihr glaubt ja gar nicht, was hier alles los ist. Die >Anderswelt< ist bezaubernd, sofern man sich die Zeit nimmt und darin eintauchen mag.
Doch bleiben wir beim Universum und deinem persönlichen Helfer*Team.
Wie gesagt, es kommuniziert die ganze Zeit mit dir und steht dir stets helfend zur Seite. Sie kennen deinen Seelenplan und führen dich in dein erfülltes Leben. Doch wenn du sie nicht beachtest und sie links liegen lässt, schlafen sie - das sollte dir bewusst sein. Im Helden*Schritt vom Meilenstein 2 machen wir es wach. Und im Laufe deiner Heldenreise lernst du sie kennen, dein wundervolles Helfer*Team, jenseits des Schleiers.

Deine Innere Lichtkriegerin, bzw. dein Innerer Lichtkrieger ist ein sehr wichtiger Helfer auf deiner Heldenreise, deshalb kommst du ziemlich schnell mit ihr (oder ihm) - bereits im Meilenstein Schritt 4 deiner Reise - in Kontakt.

Das Universum kennt deinen Seelenplan

Nochmal kurz zusammengefasst:
Auszeitmomente, Zeiten der Stille und der Ruhe sind magische Elemente. Und in diesen ist die Kommunikation mit deinem persönlichen Engels*Team - dem Universum - seeehr leicht. Jeder kann das, wenn man weiß, wie sie mit dir kommunizieren. Doch das hast du im Kapitel über die Sprache des Universums ja bereits erfahren.

Das Universum - dein Team - hat dir eine Menge zu erzählen! Und es weiß in der Tat ALLES über dich, bis zurück zum Ursprung. Es weiß alles über dein Leben, warum was wie warum dieses oder jenes so gelaufen ist und was dem ganzen Thema zugrunde liegt. Deshalb ist es immer ratsam, mit ihnen gemeinsam die Situationen deines Lebens zu reflektieren. Unterhalte dich mit ihnen, frage sie direkt, was es hier für dich zu lernen und zu erfahren gilt. Auch was kommen wird, könn(t)en sie dir sagen, doch das machen sie meistens nicht. Außer es ist wichtig für dich, dann flattert schon mal eine Nachricht oder Botschaft zu dir.

> **Was ist alles möglich**? <

ist eine beliebte Frage, die ich ihnen gerne stelle.

Und

- Was ist mein Seelen*Plan? (oder was bringt mich auf Kurs?)
- Bin ich noch auf dem richtigen Weg? (oder ist das eine Umleitung?)
- Bringt mich dies an mein Ziel? (oder lenkt es mich eher ab?)
- Womit kann ich den Prozess beschleunigen (oder sanfter gestalten)?
- Wie geht es noch leichter?
- Wie kann es gehen?

Wenn wir in der Stille sind und innerlich zur Ruhe kommen, sind wir in Wirklichkeit gerade jetzt sehr gut erreichbar - zumindest für das Universum. Es gibt übrigens einen „Hauptansprechpartner“ in deinem persönlichen Begleiter*Team (das insgesamt aus 6-7 Wesenheiten besteht), mit dem du ganz besonders eng verbunden bist. Ihn kannst du auch wirklich alles fragen. Und er wird dir sagen:

„Wer immer nur durch sein Leben rennt, der bekommt das Schönste nicht mit. In der Eile und im Stress rast das Leben an dir vorbei. Erst wenn du langsam und achtsam gehst, erkennst du die kostbarsten und wertvollen Dinge, die dein Leben ausmachen.“

Tatsächlich ist es so, dass in den Momenten, in denen du NICHTS-TUST, am meisten geschieht. Magische Dinge kannst du entdecken und magisch ziehst du alles zu dir - über dein Herzzentrum - was zu dir passt. Dazu muss dein Herz allerdings geöffnet sein - und das geschieht auf dem 6. Level der Entwicklungsstufen deiner Persönlichkeit.
Wenn wir über unseren eingeschalteten Herzmagneten bewusst Signale aussenden, kann endlich das zu uns kommen, was in unserem Innersten steckt und bisher nur nicht die Möglichkeit hatte, an die Oberfläche zu kommen.

„**Ich glaube daran**“ (ist der 3. Helden*Schritt auf deiner Reise)... Ich glaube daran, dass in uns allen noch eine ganze Menge steckt und viele neue Wege für uns bereit stehen. Je tiefer ich zu mir selbst komme, desto mehr Möglichkeiten und Wege tun sich mir auf. Manchmal fehlen mir echt die Worte, so unbeschreiblich ist das - echt magisch*:)*
All die Ungläubigen werden sich noch wundern - und das Universum freut sich.

Also einfach mal das Tempo rausnehmen, sodass sich die Tür- und der Toröffner zu den magischen Bereichen - zu den Dingen zwischen Himmel und Erde - öffnen können!

Ein nicht ganz so bekanntes universelles Gesetz nennt sich:

Intensitätsgesetz
Dieses Gesetz besagt, je mehr Ruhe (**ONAR**) du tankst, umso intensiver wird dein Leben!

Wenn du noch im Spielfeld Level 5 zu Hause bist, dann bist du jetzt irritiert und findest diesen Satz paradox. Doch das ist er nicht! Geh einfach weiter in das nächste Level, dann wirst du es besser verstehen können. Wer in Richtung Level 6 ist, spürt bereits die Kraft, die in der Ruhe liegt.

In der Ruhe liegt der Schlüssel zu **PRADNA** - der universellen (weiblichen) Kraft.

Und jetzt müssen wir nur noch dieses Tor öffnen und die Türe aufschließen...

ONAR - die innere Ruhe - öffnet die Tore zu deinen unendlichen Möglichkeiten!

Und jetzt darfst du dir überlegen, mit wem du kommunizieren möchtest...

Doch vorher mache dir nochmals bewusst, welche >AREA< und welche himmlische Ebene wir hier betreten!

Du lernst hier die Sprache des Universums ...

Was dich trennt und was dich mit dem Universum verbindet

Was dich trennt ist eindeutig der Stress, die Hektik, die Hast und Eile, das ständige Gefühl getrieben zu sein und gut zu funktionieren... das durch die Welt rasen - ohne Rast und ohne Ruh. Die Eile, in der wir von Stunde zu Stunde rennen.

Sofort und augenblicklich ist jedoch die Verbindung (wieder) da, wenn du dir

- Momente der Ruhe gönnst,
- dir regelmäßig deine Auszeiten nimmst,
- du dich wohl fühlst,
- du glücklich bist,
- Kerzenlicht,
- spazieren gehst,
- du Glücksgefühle erlebst,
- die Wärme spürst,
- dich entspannst und
- du den Spuren der Liebe und deinem Seelen*Plan folgst.

Kurz gesagt: alles, was dir gut tut, bringt dich in die Verbindung, weil du dadurch deine Energie anhebst. So kommst du ganz schnell in die Ebene von >alles ist möglich<.

Somit lautet der kosmische Rat:
Sorge für Entspannung und zahlreiche Glücksmomente in deinem Leben. Kümmere dich erst um dich selbst, bevor du dich ständig um andere sorgst.
Lasse es dir gut gehen, denn nur so bist du in deiner Kraft.

Willkommen im Campus der neuen Perspektiven

und

Was ist Magie?

Deine Gedanken haben Macht und die Magie ist eine manifestierende Kraft. Sich dieses wieder bewusst zu werden und die Energie - Kraft deiner Gedanken - (wieder) zielgenau zu lenken, ermöglicht es dir, mit den Urkräften des Lebens in eine tiefe Verbindung zu kommen.

Schreibe dir deine Wünsche, deine Ziele, deine Vorstellungen von einem erfüllten Leben auf ein Zettelchen und gib sie zur Aufbewahrung in ein Glas.

Mache dies zu Beginn deiner Reise.
Warum?
Weil eine Zeit kommen wird, da wirst du darin stöbern, um dich wieder zu erinnern, weshalb du diese Reise überhaupt angetreten bist!

Über die Magie im Leben

Es wäre (vielleicht) einfach(er), alles beim Alten zu lassen.
.... es wäre das Gewohnte, das Gängige. Es wäre das, was sich sicher und bekannt anfühlt. Es wäre das, was doch „alle" - zumindest die meisten Menschen - tun.

Doch da ist etwas Besonderes... eine Leere... etwas, das es auszuhalten gilt... und dann wird die Leere noch besonderer... magisch... dann entsteht sie, diese Magie... die Magie der Leere... oder Stille... die Magie des Übergangs und der Transformation... wenn das Alte schon weg ist und das Neue noch nicht ganz da.

Bisher kommen wir oft gar nicht bis zur Vollendung dieser Magie, weil wir uns vorher ablenken, die Lücken vollstopfen oder uns gar nicht erst dort hinein wagen. Denn es ist so anders... und könnte womöglich unbequem sein... leer eben... still...
zu leer und zu still...

etwas, das wir gelernt haben zu vermeiden oder bisher noch nie kennengelernt haben... etwas, das wir als langweilig, erschreckend oder „spooky“ abgespeichert haben. Denn wenn da scheinbar nichts ist, wer sind wir denn dann überhaupt?

Da haben wir doch lieber immer etwas zu tun, wollen immer beschäftigt sein. Dann wissen wir wenigstens, was wir haben und wer wir sind... vermeintlich.

Und nun ist sie einfach da, die Magie der stillen Leere. Dort, wo das Alte schon weg - oder bereits am Gehen ist - und das Neue noch entsteht.

- Doch was ist, wenn du darin Fähigkeiten an dir, neue Möglichkeiten und Ideen entdeckst, die du vorher noch niemals nie entdeckt hast?
- Was, wenn die Leere nicht leer ist, sondern voller Wunder?
- Was, wenn du lernst sie auszuhalten,... durch sie und mit ihr ...und in ihr ...und über sie hinaus wächst?

Da ist sie nun... einfach da... die Magie der Leere... und da bin ich.:. inmitten dieser Magie... wo das Alte schon weg ist und das Neue noch entsteht.
Freu dich auf neue Wunder in deinem Leben...

Und mit diesen zauberhaften Aussichten, mag ich mich für heute von dir verabschieden. Du darfst dir nun überlegen, wie du diese Leere füllen magst. Was willst du erfahren in deinem wundervoll erfüllten Leben... du einzigartige und wundervoll magische Frau!?!

So wünsche ich dir eine erkenntnisreiche Vorbereitungszeit. Wenn du magst, sehen oder hören wir uns zu deinen ersten Meilenstein-Schritten oder spätestens dann im nächsten Abschnitt deiner Heldenreise, in dem es über die Schwelle durch die Transformationsphase geht.

Magische Grüße, bis dahin
Herzlichst
deine Shakira

Kontakt zur Autorin

Shakira Geisel

Als vierfache Mutter, Power*Frau, Freigeist*Woman und Wandlungs*Künstlerin beschäftige ich mich bereits mein Leben lang sehr intensiv mit dem Facettenreichtum des Lebens. Immer schon faszinierten mich Themen, die mit Selbstfindung, Intuition, Spiritualität und Persönlichkeitsentwicklung zu tun haben.

Die größten Herausforderungen bestanden ausnahmslos aus Abschied nehmen, Wandlung, Neuausrichtung - zusammengefasst: Transformationen jeglicher Art. Meine eigene Lebensgeschichte machte mich zur Expertin auf dem Gebiet der geheimnisvollen Kraft >über Transformation zur Heilung<.

Meine Mission ist es, unzähligen Menschen dabei zu helfen, ihr Leben positiv zu verändern. Ich führe, unterstütze, coache und begleite Frauen und Männer dabei, für SICH SELBST und ihre eigenen Herzenswünsche, Ziele und Visionen einzustehen.

In meinen Helden*Mentorings, die in meiner Helden*Schmiede - ein Campus für neues Bewusstsein & Schule fürs Leben –stattfinden, lehre ich Frauen und Männern, ihr Denken, Fühlen und Handeln selbst in die Hand zu nehmen mit dem Ziel, ihr Leben selbstbestimmt, gesund, glücklich und voller Lebensfreude zu gestalten. Quantensprünge sind dadurch möglich.

Meine Vision: Lasst uns miteinander eine neue Welt erschaffen, in der wir alle in Frieden, Freiheit und Liebe miteinander sein können. AN ANASHA

Weitere Möglichkeiten für die spannendste Reise deines Lebens

Laut des kosmischen Gesetzes ist es so:
Je schwieriger die Transformation und Wandlung, je größer und wertvoller ist das Geschenk, das du garantiert bekommen wirst, wenn du mutig genug bist, deinem Herzen zu folgen und deinen Seelenweg zu gehen!

Im Kurspaket der 12 Meilensteine ins Glück bekommst du von mir
* Wertvolle Alltags-Tipps auf deiner Reise in dein neues, selbstbestimmtes und glückliches Leben;
* In unseren Helden*Talks erzähle ich dir über die größten Hindernisse, Herausforderungen, Stolpersteine und Fehler von mir selbst, bzw. meiner Heldinnen aus meinem Helden*Schmiede-Alltag;
* Anleitungen zur Selbstreflexion;
* Lichtsprache - die kosmische Reiseapotheke
* ... bis hin zur Prozessbegleitung durch die schwierigsten Phasen deines Lebens.

Warum das so wichtig ist
Im rasanten Tempo verändert sich im Moment unsere Welt auf allen Ebenen ... und es liegt an jedem einzelnen Menschen, mitzubestimmen, in welche Richtung WIR - als Menschheit und Bevölkerung von Mutter Erde - gehen.
Vieles von dem, was im Außen geschieht, können wir nicht beeinflussen. Doch wir können etwas tun, das vielleicht wichtiger ist, als dir bewusst ist: **Du kannst über dich selbst bestimmen!**

Es braucht Liebe, Frieden, Gesundheit und Frieden mehr denn je ... und es braucht DICH, um dies in die Welt zu tragen.

Warum Frieden in dir auch Frieden auf der Welt bewirkt
Du, ich, wir und alle, die wir kennen: Wir sind Einzelne, die zusammen das große Ganze bilden. Wenn wir uns mit Liebe und Bewusstsein selbst heilen, ist dies ein Schritt zur Heilung der ganzen Einheit. Bei uns selbst fangen wir an, dann breitet es sich aus, im Kollektiv der Menschheit.

Alles, was du brauchst, befindet sich bereits in dir. **Diese Quelle in dir zu entdecken, ist das Ziel deiner Heldenreise.**
Als Mentorin und Reiseführerin sorge ich dafür, dass du leichter, mit klarem Bewusstsein, durch die schwierigen und herausfordernden Zeiten deines Lebens kommst.
Wenn du wissen willst, wer du wirklich bist, warum du jetzt, in diesen herausfordernden Zeiten hier auf dem Planeten bist, welches Potenzial in dir steckt, was deine Aufgabe und Bestimmung ist, dann mach dich auf und tritt deine Heldenreise an.

In meiner Helden*Schmiede lernst du, eine selbstbewusste Heldin zu sein und mutig, selbstbestimmt und erfolgreich deinen eigenen Weg zu gehen.

Weitere Bücher von und mit mir

Ein ganzheitliches Prinzip erwartet dich.

In meinem Basis-Buch: ***Reiseführer für Helden - Aufbruch in ein erfülltes Leben, finde deinen Heldenplatz***, erfährst du auf magisch mystische Art, dass jeder Veränderungsprozess aus 12 Stationen mit 2 großen Prüfungen besteht. Ich erzähle dir von den jeweiligen Herausforderungen und was dich auf dieser intensiven Wandlungs-Reise erwartet. All jene, die wissen, was auf sie zukommt, können mit diesem Prozess der Veränderung viel einfacher und gelassener umgehen.

https://heldenreise-blog.de/reisefuehrer-fuer-helden/

Du erfährst dabei:

- warum es so wichtig ist zu wissen, was du in deinem Leben erfahren willst.
- warum es Sinn macht, sein Ziel zu kennen.
- wie du erkennst, warum Achtsamkeit und Intuition wertvolle Fähigkeiten auf deiner Reise zu dir selbst sind.
- wie ein Prozessbeschleuniger funktioniert.
- wie es dir mit Bewusstsein gelingt, die Rollen zu erkennen, welche deine Mitmenschen in deinem Leben spielen. … uvm.

Das Reiseziel dabei ist immer ein glückliches und erfülltes Leben, denn nur hierfür sind wir hier! Befreie dich von all deinem Kummer und deinen Sorgen. Auch wenn die Welt Kopf steht oder was auch immer in deinem Umfeld gerade passiert - genieße dein Leben und sei glücklich!

Der Wind unter deinen Flügeln

10 Autorinnen präsentieren dir ihren größten Schatz und ihre Erfolgsgeheimnisse.

Hierzu gibt es ebenfalls ein Kurspaket - der 1. Meilenstein meiner Heldenreise ist darin als Mini Kurs enthalten - mit 9 weiteren interessanten Kursen, die dich begeistern könnten, wenn du Selbstcoaching und Selbsthilfe magst.

Hier erfährst du mehr:
https://heldenreise-blog.de/der-wind-unter-deinen-flügeln/

https://heldenreise-blog.de

helden-schmiede-shakira@web.de

https://heldenreise-blog.de/12-meilensteine-ins-glueck/

Zum Abschluss eine kurze Zusammenfassung

Worum geht es auf der Heldenreise

und

was dich auf deiner Heldenreise bei und mit mir erwartet

Das Ziel erreichen wir mit dem Schlüssel JAWES

- es geht um die hohe Kunst des Lebens
- komme in deine Schöpferkraft und erschaffe dir ein rundum glückliches und erfülltes Leben.

Der Lichtkristall JAWES ist ein Lichtkristall aus der Wirklichkeit.
Bedeutung der Lichtenergie JAWES:
Werde wieder Schöpfer deines eigenen Lebens. Nimm dein Leben selbst in die Hand und steuere dein Boot entsprechend.
JAWES ist sehr mächtig und zeigt dir - neben deiner Schöpferkraft - noch mit auf, wo du dich (noch) leben lässt und was du nicht aus dir selbst heraus tust.

Die Heldenreise
... ist ein intensiver Weg ... ein in die Tiefe gehender Weg, mit hohem Bewusstsein zur Selbsterkenntnis ...ein Weg der Selbsterfahrung... der Selbstliebe ... der Eigenverantwortung... der Eigenermächtigung... bis zur Annahme seiner eigenen Schöpferkraft.
Die Reise zu dir selbst ist die schönste, jedoch auch die anstrengendste und herausforderndste Reise, die du dir vorstellen kannst. Denn dein Licht und dein Schatten stehen sich hier direkt gegenüber. Deine Schatten, die genauso zu dir gehören und ein wesentlicher Teil von dir sind, gilt es anzunehmen, damit dein Licht noch heller leuchten und strahlen kann.
Was das mit einem erfüllten Leben zu tun hat, wirst du sehr bald erkennen können, denn deine Schatten verfinstern dein Licht... sie vernebeln deine Freude, dämmen deine Lebendigkeit ein -

und schmälern somit dein Lebensglück. Die Ausdehnung von deinem Seelenlicht ist blockiert und wird dadurch ggf. massiv eingeschränkt.
Jede Erlösung eines Schattens, wenn Licht die dunklen oder gar finsteren Ecken in dir erhellt, lässt dich - mit jedem weiteren Lichtstrahl - mehr und mehr DU SELBST sein. Mit dir kommen deine Lebenslust und die Freude am Leben in Bewegung und du wirst dich von Woche zu Woche, von Tag zu Tag lebendiger fühlen.

Deine UNGEHEUER(lichen) Schatten
Schatten zeigen sich in Form von Ängsten und Herausforderungen in deinem Leben. Dein Leben spiegeln sie dir tagtäglich. Sie sind mitunter ziemliche Ungeheuer, die dich in handfeste Krisen bis hin zu Burnout und depressive Verstimmungen stürzen lassen können.

Angst
- vorm Versagen...
- nicht gut genug zu sein...
- es wieder nicht hinzubekommen...
- es nicht zu schaffen...
- vor Leistungsdruck...
- vor dominanten Menschen...

und und und.

Stress ist die Folge - dein ganzes Nervensystem steht unter Hochspannung. Blockaden zeigen sich immer deutlicher... massiver... spürbarer bis hin zum Schmerz.
Das sind alles Wegweiser in Richtung deiner Schattenwelt. Mit dem Verstand kannst du hierfür keine Lösung finden.
Erlösen... loslösen... dich von etwas oder jemanden lösen, der/das dich - wie in einem Gefängnis oder goldenen Käfig - gefangen hält und dein Herz, Seele und Leben erschwert.
Befreiung ist der Weg, um in Freiheit und in Frieden leben zu können! Deine eigene Macht ist so viel größer, als du glaubst.

GLÜCKLICH SEIN
ist dein Geburtsrecht, ebenso wie in
FRIEDEN, FREIHEIT und ERFÜLLT
zu sein - in jeder Beziehung

In meinen Heldenratgebern, Coachings und in den Online*Kursen der Meilensteine weihe ich dich - als Mentorin - in die Erfolgs-Geheimnisse der Heldenreise ein und gebe dir einen Umsetzungs*Plan an die Hand, mit Anleitungen zur Selbstreflexion.

Auf deinen Inneren*Welt*Reisen erfährst du sehr viel über dich und lernst dich selbst - in deiner vielfältigen Persönlichkeit - nochmals ganz neu kennen. Dein Potenzial wird kraftvoll in dir entfaltet und somit - mitten im Leben - spürbar.

Es geht um dich... es geht um dein erfülltes Lebensglück!
Dafür bist du hier angetreten... du bist hier, in dieser äußerst schwierigen Zeit, um DICH wiederzufinden, dich in deiner hellsten und strahlendsten Form… gerade jetzt, weil es um dich herum so düster und angsteinflößend wird.

Erkenne, wer du wirklich bist!

Du bist so viel mehr, als nur Mensch!

- In meinen Büchern und der Online*Reise mit den 12 Meilensteinen bekommst du Werkzeuge, Anleitungen und Hilfen, um dich selbst besser, leichter und klarer durch den Prozess zu bringen. Selbstcoaching und Selbsthilfe ist hiermit möglich.

- Im Heldenreise*Coaching führe und begleite ich dich - 1:1 - intensiv durch den ganzen Prozess.

Das große Paket der Heldenreise mit den 36 Schritten vereint und integriert deine Spiritualität mit dem wahren Leben, denn dein Spirit will gelebt werden - JETZT!

Die Reise der Heldin
... ist ein intensiver Weg zu dir selbst
... ist ein Weg mit hohem Bewusstsein zur Selbsterkenntnis
... sind Meilensteine der Selbsterfahrung
... der Selbstliebe
... der Eigenverantwortung
... der Eigenermächtigung ...

Die Reise*Route deiner Heldenreise
Die Reise des Helden besteht aus 12 Stationen, die ich Meilensteine nenne.
Es sind 12 Schritte, die dich durch deinen Veränderungsprozess in dein glückliches und erfülltes Leben führen.

Zu jedem Meilenstein gibt es:
- einen Helden*Schritt mit dem passenden Schlüssel
- Schlüsselfragen zur schnellen Manifestation deiner Herzenswünsche
- wertvolle Werkzeuge und Hilfen
- Lichtkristalle (Kombinationen) für deine Reiseapotheke,
- einen praktischen Teil,
- Innere*Welt*Reise(n),
- Reflexionsübung(en),
- Erklärungen und
- wenn du magst: ein (Online-)Treffen (in der Helden*Schmiede, telefonisch, per Zoom oder Telegram)

Die 12 Meilensteine ins Glück
Komm mit mir auf eine Reise.
Es ist eine ganz besondere Reise, denn sie führt dich auf direktem Wege zu dir selbst. Meilenstein für Meilenstein lernst du deine Seele, deine Heldin in dir, deine innere
Lichtkriegerin und weitere Helfer kennen und bekommst das richtige Werkzeug an die Hand, um deinen eigenen, persönlichen Seelen*Weg deines Herzens - in Leichtigkeit und Freude - gehen zu können.

Diese Reise wird dein Leben verändern!

Deine neue Welt
Vielen Menschen ist es noch nicht wieder bewusst, dass sie den goldenen Schlüssel zu Gesundheit, Glück, Erfolg und zu einem besseren Leben in sich tragen. Sie verschwenden täglich ihre Energie an Dingen im Außen und nehmen sich nicht die Zeit, nach innen zu blicken.

Einige Jahrzehnte habe ich damit verbracht, meine Innenwelten neugierig zu erkunden und intensiv zu erforschen - die Einblicke und Erkenntnisse waren lebensverändernd.
Dieses Wissen, angereichert mit vielen Weisheiten und praktischen Tipps zur Umsetzung in dein Leben, habe ich nun zu einem Teil in eine digitalen Heldenreise in Form von 12 Meilensteinen zusammengefasst.

Komm mit mir, deiner Heldin und Inneren Lichtkriegerin auf deine Heldenreise! Auf eine Reise, die dein Leben verändern wird, so, wie es mein Leben verändert hat. Du trägst alles in dir, was du brauchst, um ein erfülltes Leben zu führen, einschließlich der Schlüssel zu Gesundheit, Glück und Erfolg!

Die Meilensteine zum Buch

1. Meilenstein - Reisevorbereitung & Grundlagen für eine gute Reise

Erhalte im ersten Meilenstein eine Einführung in die Heldenreise, erfahre mehr über die Lichtkristalle aus der Wirklichkeit und wie du praktisch mit ihnen und der Lichtsprache wirken kannst. Die kosmische Reiseapotheke wird angelegt und **MONA `OHA** ist der 1. Heldenschritt auf deiner Reise, in der es um **SELBST*VERTRAUEN** geht.

Der 1. goldene Schlüssel heißt: AVATARA

Der 1. Meilenstein schafft dir bereits eine gute und sichere Basis, sodass dir der
Aufbruch in dein neues Leben viel leichter möglich ist.

Inhalte im Überblick:
Herzlich willkommen zu deiner Heldenreise
Einführung in die Heldenreise
- Reiseführer für Helden (Audio)
- Aufbruch in ein neues Leben (Audio)

Reisevorbereitung & Wissenswertes

- Was es zu beachten gibt (pdf)
- Wie du mit Lichtkristallen arbeiten kannst (pdf)
- Wasser programmieren (pdf)
- Lichtsprache - die kosmische Hausapotheke (pdf)

Dein 1. Helden*Schritt

- MONA`OHA - Ohne Vertrauen geht's nicht (Audio/Mentales Training)
- Tägliche Übung mit MONA`OHA (pdf)

Praktischer Teil:
Innere Balance und Zentriertheit ist die Basis für unser Wohlbefinden. Sie entscheidet darüber, ob wir geordnet oder im Chaos durchs Leben gehen.

Zentrierungsübung
Mit Hilfe der Lichtsprache - Turbo Zentrierung, Lebensenergie tanken & Blockaden lösen

Kosmische Reiseapotheke
AVATARA - der Schlüssel für dein Wohlbefinden

- Lichtsprache - die kosmische Reiseapotheke - Wie du dich ganz schnell in deine innere Mitte, zu mehr Stabilität, Kraft und Ruhe bringen kannst (Audio/Innere*Welt*Reise)

Bonus - ein Kennenlern-Geschenk
Diese Innere Welt*Reise kannst du dir kostenfrei und unverbindlich bei mir anfordern unter:
helden-schmiede-shakira@web.de

Betreff:
Heldenreise by Shakira - Geschenk - Die kosmische Reiseapotheke

2. Meilenstein - Wer bist du, wenn du DU bist?
Erkenne, wer du wirklich bist und welche großartigen Fähigkeiten in dir - als Seelenlicht und göttlicher Mensch - stecken.
Deine Reise *zurück zum Ursprung* beginnt.

Von hier an geht es um dich und deine einzigartige Persönlichkeit.

• Eine Einweihung, die dein Leben verändern wird

Zurück zum Ursprung
verbindet dich bewusst mit deinem (Seelen)Ursprung und erinnert dich wieder daran:

- wer bist du wirklich?
- welche Fähigkeiten hast du?
- welches Potenzial schlummert in dir?
- welche Lebens-Aufgabe hast du?
- was haben dir deine Ursprungseltern als Leitfaden in jede Inkarnation mitgegeben...
- wer ist dein >Hohes Selbst< und was wird sich durch die Verschmelzung mit ihm für dich und deine in dir angelegten Fähigkeiten verändern?

uvm.
Wir setzen hier einen Grundstein, der dein Leben verändert. Du erfährst neben deiner Herkunft auch noch deinen Ursprungsnamen, den Grund, weshalb du als Seelen*Licht von deinen kosmischen Eltern erschaffen wurdest, was deine Aufgabe in deinem jetzigen Leben ist, welche Attribute und Fähigkeiten in dir angelegt wurden, deinen Lebenssatz, deine persönliche Zahl und deinen Farbstrahl.
Auf diese Erkenntnisse deiner Seelenstruktur lässt sich deine Reise in die Tiefe gehend immer weiter aufbauen.

3. Meilenstein - Bewusster Aufbruch (Glaube an dich)

4. Meilenstein - Bist du bereit über die Schwelle zu gehen?

5. Meilenstein - Die unbegrenzten Möglichkeiten deiner Ressourcen
... wie du mit deinem inneren Helfer*Team aus der geistigen Welt zusammen wirken und arbeiten kannst.

Die nächsten Reisestationen sind:

6. - 9. Meilenstein - die Konfrontation/Drachenprüfung bis hin zur Manifestation.

Die Transformationsphase ist sehr speziell und bei jedem etwas anders. Immer wieder wirst du geprüft darauf, ob du die Erneuerung in deinem Leben (anderer Partner, neue Liebe, mehr Geld, ein Kind...usw.) auch wirklich willst!

6. Meilenstein - Vorbereitung aufs Schattenreich - Die dunkle Nacht der Seele - Transformation

Es geht nicht darum, Stress und Konflikte zu vermeiden. Es geht vielmehr darum, wie du mit ihnen umgehst! Hab keine Angst vor Konfrontationen und lerne, wie du besser mit Stress und Konflikten umgehen kannst.

7. Meilenstein - Schattenreich
Was und wer sind deine Dämonen/Ungeheuer/Drachen/größten Saboteure? Lerne mit ihnen umzugehen, sie zu zähmen und auf dem Drachen zu reiten.

8. Meilenstein - Insel der Konfrontation

9. Meilenstein - deine Selbstermächtigung versetzt Berge

Wenn du die Prüfung bestanden hast, kann die Belohnung erfolgen, bzw. die Quelle entspringen.
Um die Ernte einzufahren, den Schatz zu bergen oder die Quelle zum Sprudeln zu bringen, braucht es jetzt deine Manifestationskraft.

In den Meilensteinen 10 - 12 geht es um die Integration des Schatzes und um die Annahme deiner Manifestation.

10. Meilenstein - Mysterium im Land der Wunder

11. Meilenstein - Dein größter Wunsch wird wahr

12. Meilenstein - Dein Geschenk

Die 12 Meilensteine ins Glück sind für jeden geeignet
Mir ist es sehr wichtig, dass ein jeder diese Heldenreise machen kann, unabhängig welcher Glaubensrichtung er oder sie zugehörig ist. Es reicht deine Offenheit und dass du weißt, dass es eine energetische, geistige und innere Welt gibt. Selbst wenn du nur einen Teil von all den vielseitigen Möglichkeiten anwenden magst, bist du mit dem Reise*Set bestens versorgt - vom ersten bis zum letzten Meilenstein.

Spirituell intensiver wird es in Kombination mit den 36 Schritten des Erwachens.

https://heldenreise-blog.de/12-meilensteine-ins-glueck/

Glossar & Quellenangabe

Archetypen
... sind Energiemuster, in denen wir uns bewegen.
Es gibt Hunderte davon.

In einer von diesen ist deine Lebensreise als Mensch mit allen Herausforderungen programmiert. In den meisten Fällen meiner Helden liegt ihre Bestimmung beim König/Königin (Herrscher/Herrscherin), doch auch der edle Tafelritter ist als Hauptrolle vordergründig ...

Die Grundtypen ihres Wesens sind die des Priesters/Priesterin - Heilers/Heilerin - Magier/Magierin... der oder die Weise (der/die auch eine Hauptrolle einnehmen könnte)

Der Held und die Heldin ist der „dazwischenliegende“ Archetyp, der die Veränderung bringt und die Herausforderungen meistert.

Also brauchen wir den Helden oder die Heldin in uns, um unsere Bestimmung (z.B. der des Königs/der Königin) zu leben.

Held*In: Der Held oder die Heldin muss in dir aufstehen, damit du etwas in deinem Leben verändern kannst.

Innere Familie: Die innere Familie ist ein großes Energiefeld in dir, das aus drei speziellen Bereichen besteht:

Deine **Innere Frau:** Die weibliche Energie in dir steht (im geheilten Zustand) - für Weichheit - Sanftmut - Schönheit - Inspiration - Fördert deine Fähigkeiten

Dein **Innerer Mann:** Die männliche Energie in dir schenkt dir (auch wenn du eine Frau bist) Kraft - Stärke - du kannst Verantwortung übernehmen und Ausdauer entwickeln.

Dein **Inneres Kind:** Die kindliche Leichtigkeit und Freude ist ein Geschenk des Himmels.
Die Energie deines geheilten INNEREN KINDES bringt dir Frohmut - Freude - Gelassenheit - Vertrauen - Weisheit und eine fein ausgerichtete Intuition.

Die Verletzungen des inneren Kindes, sind oft die Schatten, die du als Erwachsene*r noch in deinem Unterbewusstsein trägst und die dich an einem erfüllten Leben hindern.

Die Vereinigung und die harmonische Balance (Yin & Yang) aller drei Bereiche ist das stärkste Kraftfeld, das du in dir trägst.

Innere Lichtkrieger*In: Ein sehr wichtiges Energiefeld in dir - er/sie gehört zu deinem Inneren Helfer*Team aus der geistigen Welt - das dich wie ein Navi ans Ziel bringt und dich kraftvoll bei der Umsetzung unterstützt... wundervoll magisch...
ACHTUNG: Deine Innere Lichtkriegerin (dein Lichtkrieger) braucht klare Anweisungen von dir!

Mentor*In: Garantiert steht dir in jedem Veränderungsprozess ein Wesen zur Seite, das mit dir durch dick und dünn geht. Mit all seinem Wissen und seinen Weisheiten begleitet dich der Mentor. Er oder sie ist den Weg (dieser Veränderungsreise) bereits gegangen, den du gerade gehst oder gehen willst.

Schwellen*Wächter*In: Schwellenwächter haben eine besondere Rolle im Spiel deines Lebens. Sie haben die Aufgabe übernommen, dich von deinem Ziel abzuhalten. Sie setzen alles daran, dich an der Veränderung und am Weitergehen (zum nächsten Level) zu hindern.

Wandlungs*Künstler*In: Du wirst zu einer Wandlungs*Künstlerin (oder einem Wandlungskünstler), wenn du dich als Schöpfergeist bekennst und bereit bist, die Verantwortung für dich und dein Leben zu übernehmen. Solange du in der Dualität (im Level 1-5) gefangen bist, suchst du (z.B.) die Schuld im Außen und bei anderen. Solange du dies tust, schläft die Wandlungs*Künstlerin. Sie wird erst dann aktiv, wenn du erkennst, dass ALLES mit dir zu tun hat, was dir in deinem Leben begegnet. Wie ein Magnet ziehst du alles in dein Leben, was du bist, was du glaubst, was du denkst und was dir entspricht. Auch die Schatten zeigen sich im Außen (durch deinen Magneten). Erst wenn du dies anerkennst, wirst du deine Macht spüren können und erkennen, dass du ALLES auch wieder drehen und in Heilung bringen kannst.

Traum*Tänzer*In: Die Traumtänzerin (oder den Traumtänzer) in dir, werden wir im „Traumbuch" für dich erwecken. Wenn sie zu tanzen beginnt, bündelt sich die Energie zum Manifestieren deiner tiefsten und innigsten Träume.

Schatten*Fänger*In: Die Schwester der Wandlungs*Künstlerin ist die Schatten*Fängerin. Genau genommen ist auch die Traum*Tänzerin eine Schwester. Alle drei entspringen einer Familie. Die Traum*Tänzerin beginnt zu träumen, die Schatten*Fängerin bringt die Schattenanteile ans Licht, die deinem Traum noch im Wege stehen und leitet den Transformationsprozess ein. Und die Wandlungs*Künstlerin sorgt dann dafür, dass der Wandlungs*Prozess (die Veränderung) vollzogen wird, damit ein neues Kapitel im Buch deines Lebens von dir geschrieben und gelebt werden kann.

Die Schattenfängerin ist ganz an der alten Weisheit orientiert, die besagt, dass das, was man an anderen verteufelt, was man an ihnen und ihrem Verhalten hasst und verurteilt, auch in der eigenen Seelenwelt zu finden ist.

Meisterspieler*In: Wenn die Herausforderungen in deinem Leben besonders schwierig und anspruchsvoll sind, sie ALLES von dir abverlangen und dich über alle Maße (heraus)fordern, ist dies ein sicheres Indiz dafür, dass du eine Meister*Innen-Rolle in dieser anspruchsvollen Zeit des Übergangs hast. Mit einer „besonderen" Kindheit fängt es meist schon an. Dich selbst zu finden und zu erkennen ist der Sinn dahinter. Meister*Innen finden immer einen Weg.

Quellenangaben

Sabine Sangitar Wenig

... ist das Medium der golden-blauen Frequenz und ausgebildet in humanistischer Psychotherapie, systemischer Familientherapie, Reiki und zum Bioenergietherapeuten.

Schon als Kind war sie hellsichtig. Mit ihrer Spiritualität wusste sie anfangs nicht viel anzufangen, hatte aber immer wieder wundersame Begegnungen. 20 Jahren wurde sie auf ihren Auftrag vorbereitet und geschult. So entstand die Kryonschule mit ihren damals 48 - heute 36 - Schritten, die ins Englische, Spanische und Russische übersetzt wurden.

Seit 2007 bin ich nicht nur Bioenergie*Therapeutin, sondern auch Trainerin und gebe die 36 Schritte weiter. In der Heldenreise verbinden wir dann den Spirit der Schritte mit dem wahren Leben und während deiner Transformationsprozesse stehe ich dir direkt zur Seite.

Die gelebte Spiritualität ist dein größter Schatz, die lebendig gefühlt und erfahren werden will - JETZT ist die perfekte Zeit dafür!

>Über die Magie im Leben<
Jede Weisheit und alles, was für mich wertvoll ist, schreibe ich auf. Inzwischen ist eine mega große Sammlung und ein richtiger Schatz entstanden. Ich habe diesen Text irgendwann mal geschrieben... vielleicht auch notiert oder irgendwo abgeschrieben? Das weiß ich nicht mehr so genau. Deshalb nenne ich mal als Quelle: Verfasser unbekannt.

>**Warum die Rückkehr zur weiblichen Kraft so wichtig ist**< ist eine Zusammenfassung aus einem Robert Betz Seminar.

Die >„**Spielregeln des Lebens**“< habe ich aus den Grundlagen des amerikanischen Psychologieprofessors **Clare W. Graves** geschaffen, der es >**Die Entwicklungs*Ebenen deiner Persönlichkeit**< nannte.

Die Werte und Eigenschaften der jeweiligen Entwicklungsstufen habe ich im Laufe der Jahre zusammengetragen, deshalb ist es mir nicht mehr möglich, alle genauen Quellen zu benennen. Ich danke jedoch jedem einzelnen, der sein Wissen und seine Weisheiten hierzu beigetragen hat. In großer Anerkennung und Wertschätzung - AN ANASHA.

> Ende <